LE CODE SECRET DE L'UNIVERS

Igor et Grichka Bogdanov

LE CODE SECRET DE L'UNIVERS

Albin Michel

« Je pense que l'Univers est un message codé, un code cosmique, et le travail du scientifique est de déchiffrer ce code. »

Heinz Pagels,
physicien théoricien, ancien directeur
de l'Académie des sciences de New York.

Introduction

Ce livre va peut-être changer votre vie !

Peut-être.

Surtout si vous êtes de ceux qui aiment se poser de grandes questions, du genre : Pourquoi l'Univers est-il là ? Quel est le sens de ma vie sur Terre ? Est-ce que Dieu existe ?

Si l'une de ces « *big questions* » vous a traversé un jour l'esprit, alors ce livre est fait pour vous.

*

L'histoire que nous allons vous raconter ici est celle d'un mystère. Pour certains, c'est même le plus grand mystère de toute la science. Il nous concerne tous. Nous. Vous. Il étend son ombre étrange jusqu'aux confins de l'Univers. Mais il règne aussi sur le monde des atomes et des énergies élémentaires, au cœur inaccessible de l'infiniment petit.

Rien ne peut lui échapper !

De quoi s'agit-il ?

Vous l'avez compris, de quelque chose qui est peut-être la source – le code-source – de tout ce qui existe, sur Terre et jusqu'aux confins de l'Univers. Du plus petit des atomes jusqu'à la plus grosse des étoiles. De l'oiseau qui vole dans le ciel jusqu'au trou noir géant qui engloutit l'espace, le temps et la matière à des millions d'années-lumière de chez nous. Lorsqu'on jette un coup d'œil – même rapide – sur la nature, on ne peut s'empêcher d'y deviner, comme en surimpression aux frontières de l'invisible, l'empreinte d'une sorte de « programme ». Un exemple ? Le Soleil. À chaque seconde, il brûle 627 millions de tonnes d'hydrogène. 37,6 milliards de tonnes par minute ! Mais d'où viennent les lois sur lesquelles reposent ces chiffres ? Autre chose. Il y a 10 000 milliards de milliards de milliards de milliards d'atomes par centimètre cube au cœur d'une étoile super-géante. Une cuillère à café de cette matière pèserait environ 1 milliard de tonnes ! Mais quelle est l'origine de la masse des atomes ? Encore autre chose. Chaque jour, 10 milliards d'étoiles nouvelles naissent dans notre Univers et 1 million d'autres explosent en un éclair éblouissant qui, pendant quelques instants, est aussi brillant qu'une galaxie entière composée de 100 milliards de soleils. Quelle est donc la source de ces événements cosmiques dont l'échelle est si colossalement différente de la nôtre ?

Tout au long de notre rencontre au cœur de ce livre, nous allons cheminer ensemble vers une interrogation passionnante, encore jamais posée : pourrait-il exister une sorte de « code secret » caché au fond de l'Univers ?

*

Après tout, chacun de nous a bien son code secret, à l'abri au fond de chacune de nos cellules. Sans l'avoir jamais vu de vos propres yeux, vous savez que le vôtre existe à un unique exemplaire et qu'il est doté d'environ trois milliards d'instructions. Ce code secret a un nom : le génome ! C'est *votre* ADN – votre code secret – et celui de personne d'autre ! Si vous mettiez bout à bout tous les brins sur lesquels il est écrit, vous obtiendriez une « corde » d'une longueur ahurissante : environ 100 milliards de kilomètres ! Plus de six cents fois la distance entre la Terre et le Soleil. Un chiffre auquel il est *impossible* de croire, mais que vous pourriez facilement vérifier.

Or ce qui existe pour un être vivant – votre chien a son code secret, mais aussi votre bouquet de fleurs – ne pourrait-il pas exister *aussi* pour l'Univers tout entier ? On est alors tenté d'imaginer une formule universelle, enfouie dans les profondeurs de la matière, au-dessous des particules élémentaires, qui pourrait expliquer aussi bien la forme des fleurs dans les champs que l'origine de l'Univers avant le Big Bang.

En bref, *le code secret de l'Univers* !

*

La chose paraît insensée, et pourtant... Jamais encore les hommes n'ont à ce point été environnés, envahis, *ordonnés* par une telle quantité de clefs chiffrées, de suites numériques et de codes en tout genre destinés à protéger l'accès aux précieuses informations qui se cachent derrière. Désormais, nous vivons malgré nous dans un monde ultra-protégé par ces « codes secrets » qui règnent en maîtres incontestés sur les grandes formes de notre civilisation. Un simple oubli de la clef à quatre chiffres de votre carte bleue et vous serez aussitôt plongé dans le plus grand désarroi. Entre le code de votre porte d'entrée, celui de votre téléphone portable, de votre page Facebook, de votre compte iTunes ou de votre site d'e-banking, ne vous est-il jamais arrivé de vous sentir un peu perdu ?

Le plus étrange, c'est qu'il y a trente ans à peine, aucun de ces codes secrets qui surchargent aujourd'hui nos vies n'existait encore. Pourquoi ? Simplement parce que, au milieu des années 1980, le monde a commencé à s'éloigner des formes concrètes de la civilisation industrielle pour entrer dans une ère encore inconnue, un nouvel âge immatériel, énigmatique, une époque dont l'avenir, même à court terme, est difficilement prévisible : celle de l'*information*. Cette civilisation-là – la nôtre –, presque entièrement structurée par la création, le stockage et la transmission d'un flot de plus en plus important d'informations, est désormais soumise à une préoccupation majeure : celle de protéger à tout prix, à coups de clefs et de codes secrets, les « big data » qu'elle fabrique et qu'elle transmet.

Or on ne peut manquer d'être frappé de stupeur en découvrant que les codes secrets les plus importants et les plus sécurisés, qui vous permettent aussi bien d'accéder au *cloud* que de protéger votre carte bancaire ou vos achats sur Internet, tous ces codes sont générés sur la base du produit de *nombres premiers*.

*

Les nombres premiers !

2, 3, 5, 7, 11, 13… Souvenez-vous : ces nombres très mystérieux sont profondément différents de tous les autres. Pourquoi ? Parce qu'ils ne sont divisibles que par eux-mêmes et par 1. Cela n'a l'air de rien, mais c'est immense ! Car il y a plus de deux mille ans, les Grecs ont découvert que n'importe quel nombre entier « ordinaire » peut être décomposé de manière *unique* en un produit – et un seul possible – de deux nombres premiers.

Cette propriété a des conséquences fondamentales : de la même manière que les atomes s'assemblent pour engendrer toute la matière qui nous entoure, les nombres premiers, véritables « atomes numériques », se combinent de manière unique pour produire tous les nombres entiers, et ce jusqu'à l'infini.

Seulement voilà : si multiplier deux grands nombres premiers est un jeu d'enfant, en revanche, le contraire – décomposer un nombre entier en ses facteurs premiers – est effroyablement difficile. Au-delà d'une centaine de chiffres, l'opération demanderait des années à un ordinateur d'une bonne puissance.

Mais ce n'est pas tout, loin de là. En effet, les nombres premiers contiennent un mystère. Une énigme immense, qui mobilise les esprits par milliers depuis des siècles. Laquelle ? Pourquoi ? C'est ce que se demande le mathématicien français Gérald Tenenbaum, théoricien passionné des nombres : « Comment se fait-il que les nombres, qui font si profondément partie de nous-mêmes, suscitent également de si formidables énigmes ? Parmi tous ces mystères, celui des nombres premiers est sans le moindre doute le plus ancien et le plus résistant[1]. »

Les nombres premiers ! Sans que nous le sachions, ils ajustent l'heure de nos horloges. Contrôlent la floraison, tous les cent ans, des bambous géants dans le monde entier. Règlent le cycle de l'envol des cigales d'Amérique du Nord tous les dix-sept ans. S'infiltrent au cœur de la machinerie du vivant. Et surgissent au fin fond de l'Univers. Parfois ils sont clairement repérables. Parfois, au contraire, ils sont totalement invisibles, cachés à l'arrière de nombres mystérieux, comme les étranges « nombres p-adiques », ces nombres qui se lisent de droite à gauche, dont la base arithmétique est un nombre premier, et qui règlent la marche des choses dans les profondeurs du code génétique comme dans celles de la matière.

Véritables gardiens de nos secrets mais aussi fondation de toutes les mathématiques, ces nombres mystérieux auraient-ils quelque chose à voir avec ce code énigmatique, insaisissable, que nous cherchons ici ?

1. « The Prime Numbers and Their Distribution », American Mathematical Society, 2000.

*

Face à cette question, nous vous invitons ici à partager avec nous une fabuleuse aventure : déchiffrer quelques fragments d'un « code » hypothétique, encore jamais vu, dont le secret est peut-être crypté dans les mystérieuses profondeurs du monde mathématique. Comme nous allons le découvrir dans les pages qui suivent, tout au long de l'Histoire, les plus grands savants et mathématiciens ont eu la conviction qu'il existe une relation très profonde entre la nature et ces étranges « êtres mathématiques » qui structurent les phénomènes. Lorsque, en 1609, Galilée affirme haut et fort que « la nature est un livre écrit en langage mathématique », il ne dit pas autre chose.

Mais quels sont les mots – mieux, les *lettres* – de ce langage ?

Étrangement, certains esprits d'exception parviennent parfois à « voir » en un éclair, comme sur un tableau noir, des bribes de ce langage invisible.

C'était, par exemple, le cas pour ce génie pur qu'était le mythique Ramanujan au début du XXe siècle. Pour le physicien théoricien américain Michio Kaku : « Srinivasa Ramanujan était l'homme le plus étrange de toutes les mathématiques et, sans doute, de toute l'histoire des sciences[1]. » Il calculait de tête, sans le moindre effort,

1. *Hyperspace : A Scientific Odyssey Through Parallel Universes, Time Warps, and the 10th Dimension*, Oxford University Press, 1994.

tant il était familier des nombres. Et avant tout des nombres *premiers*. Un peu comme s'ils étaient ses amis, des amis qui lui confiaient naturellement leurs secrets.

Nous y reviendrons au chapitre suivant. Un autre exemple de ce lien direct – et totalement inexplicable – avec les nombres premiers est le cas très étrange de ces jumeaux prodiges dont nous vous parlerons plus loin et qui, eux aussi, selon leurs témoins, « reconnaissaient instantanément les nombres premiers, un peu comme on reconnaît le visage de quelqu'un ».

Telles sont les choses hors du commun que vous allez découvrir dans ce livre. Elles sont fascinantes et plongent dans les grandes profondeurs de ce que nous sommes. Avec, tout au bout, l'immense mystère de la face cachée de l'Univers. De ces mystérieux assemblages de notre réalité, d'ordinaire invisibles, que nous allons tenter d'entrevoir ensemble.

*

Il y a près de deux siècles, entre les murs de la fameuse université de Göttingen, ce merveilleux temple du savoir dont le rayonnement traversait alors les frontières, les plus grands mathématiciens du monde pensaient déjà que l'Univers devait être compris comme un formidable système de signes à déchiffrer, une sorte d'énigme prodigieuse. Peut-être suffit-il de plonger son regard dans une fleur ou de lever les yeux vers le ciel pour apercevoir, sans vraiment le comprendre, un fragment du grimoire originel sur lequel sont inscrits les secrets du monde. Est-il seulement possible de deviner la signification d'un tel grimoire ? S'agit-il, comme le pensent aujourd'hui de plus en plus de scientifiques, d'une sorte de « message » rédigé dans un alphabet indéchiffrable ?

Il y a eu, il y a bien longtemps, des milliards d'années dans le passé, un âge où notre Univers n'existait pas encore. Qu'y avait-il à la place ? Certains – nous sommes de ceux-là – murmurent qu'avant la naissance de la matière, il existait peut-être une sorte de « code cosmique ». Une information originelle qui était déjà là avant le Big Bang, « codant » avec une précision à donner le vertige, sans laisser la moindre place au hasard, l'immense explosion originelle et tout ce qui devait en résulter.

Peut-on trouver aujourd'hui des traces de ce code originel ? De ce *code-source* ? D'où vient-il ? Depuis quelque temps, certains scientifiques ont entrepris de chercher ces vestiges encore jamais vus au cœur du rayonnement fossile, cette lumière primordiale qui a déchiré les ténèbres cosmiques il y a plus de 13 milliards d'années. Une quête révolutionnaire, dont les premiers résultats vont vous stupéfier.

Un exemple ? Pour le théoricien américain Steve Carlip, de l'université de Californie, la première lumière de l'Univers n'est pas livrée au hasard : « Lorsque nous observons le rayonnement fossile, nous voyons des petites fluctuations dans son spectre, qui proviennent de petites variations de densité. Ces varations ne sont pas dues au hasard[1]. »

L'idée est révolutionnaire et a fait du chemin. En 2015, deux grandes « stars » de la théorie des cordes, Juan Maldacena et Nima Arkani, de l'Institute for Advanced Study de Princeton, ont affirmé que le rayonnement fossile porte la trace d'un « encodage » effectué dès les tout premiers instants d'existence de l'Univers[2]. Une hypothèse soutenue par Edward Witten, médaille Fields et leader mondial de la théorie des cordes : « C'est le travail le plus innovant que j'ai entendu[3] ! »

*

Quant à nous, nous espérons vous donner ici quelques-unes des clefs qui vous permettront de relever un fabuleux défi : découvrir, tels des archéologues, les fragments de cette langue inconnue, de ces signes invisibles qui structurent notre Univers.

Préparez-vous ! Ce livre va peut-être changer votre vie.

Peut-être.

---

1. http://newsgroups.derkeiler.com/Archive/Talk/talk.origins/2010-07/msg03973.html
2. arXiv:1503.08043v1 [hep th]
3. Cité par Luboš Motl, dans son blog Reference Frame, « Decoding the near-planckian spectrum from CMB patterns », 28 août 2015.

1

À la recherche du code perdu

3 juin 2006, aux États-Unis. Ce matin-là, les examinateurs des très sélectives archives scientifiques de l'université Cornell viennent de mettre en ligne un court article de physique – trois pages explosives – qui va secouer le monde entier. Son titre ? *Un message dans le ciel.* Son auteur ? Anthony Zee, de l'université de Californie, l'un des grands physiciens théoriciens de la planète. Il a été l'élève de deux monuments de la science au plan mondial, l'académicien Sidney Coleman, de Harvard, et le médaille Fields Edward Witten, de Princeton.

Or, que nous dit ce fameux article, également signé par Stephen Hsu, de l'université de l'Oregon ? Quelque chose de stupéfiant : une sorte de « message cosmique » serait encodé dans les profondeurs de l'Univers ! Où cela ? Zee et Hsu répondent sans hésiter : « Nous sommes convaincus que le support pour ce message est unique : ce ne peut être que le fond diffus cosmologique[1]. » Autrement dit, la première lumière émise par l'Univers, tout juste 380 000 ans après sa naissance, il y a 13 milliards 820 millions d'années.

Mais de quel « message » est-il donc question ?

Selon l'expression plutôt audacieuse employée par Zee et son collègue dans leur article, il pourrait s'agir d'un « code universel, caché dans les infimes variations de température du rayonnement cosmologique ». En somme, un code secret, sur lequel reposerait l'origine et l'évolution de l'Univers.

Un code secret !

Est-ce possible ? Un code inconnu pourrait-il exister *au-delà* de la matière, sous la forme d'un mystérieux nuage de nombres, dans les profondeurs insondables de notre Univers ? Une question encore rarement posée jusqu'ici et dont les conséquences promettent de bouleverser de fond en comble notre vision du monde.

*

Jeudi 5 février 2015 à minuit. Neuf ans se sont écoulés depuis la publication retentissante de l'article de Zee. Or voilà que l'idée d'une sorte de « code réglant l'Univers » ressurgit de manière spectaculaire, donnant une nouvelle dimension à l'enquête ouverte dans ce livre. En effet, cette nuit-là, les écrans du monde entier se

1. Anthony Zee, *Quantum Field Theory in a Nutshell*, Princeton University Press, 2003.

sont soudain mis à crépiter de la même information : les toutes nouvelles données analysées par la mission Planck – responsable du fameux satellite astronomique Planck – ont été mises en ligne.

Qu'a-t-on découvert dans ce rayonnement fossile ?

Des phénomènes jusqu'ici inconnus, d'une vertigineuse précision, et qui ne doivent rien au hasard Des courbes parfaitement ordonnées, d'une extrême pureté géométrique – les « courbes de la création », selon la belle expression de Richard Isaacman, l'un des responsables de la mission américaine COBE –, des courbes qui ont pour origine des processus très anciens, apparus lors des époques les plus reculées du Big Bang, à l'aube des temps. De quoi s'agit-il ?

Pour les théoriciens de la mission Planck, la radiation fossile pourrait encoder des informations remontant à la naissance de la réalité, aux tout premiers instants après le Big Bang. Un encodage qui pourrait même, selon les plus audacieux, trouver son origine *avant* la naissance de la matière.

Pour en avoir le cœur net, faisons un travelling arrière et remontons à l'instant du Big Bang, 13 milliards et 820 millions d'années dans le passé.

Qu'y a-t-il autour de vous ?

Du noir. Un noir d'encre. Vous flottez dans un espace sans fond, sans limites. Mais vous n'êtes pas immobile. En fait, vous êtes propulsé par une force gigantesque qui vous entraîne, comme dans un tourbillon. C'est l'expansion de l'Univers qui vient de commencer et vous emporte irrésistiblement vers l'horizon. Pour apercevoir quelque chose, vous allumez la lampe torche que vous avez dans votre poche. Et tout à coup apparaissent, par milliards de milliards, des bulles opaques. Ce sont des noyaux d'atome. Ils s'entrechoquent avec ces myriades de minuscules petits grains de lumière prisonniers de la matière que sont les photons et qui virevoltent dans tous les sens, sans rien éclairer sur leur passage.

Mais revenons chez nous !

En effet, 98 % de la matière connue – les noyaux d'atome d'hydrogène – émergent en à peine trois minutes après le Big Bang. Mais d'où vient ce formidable torrent d'énergie ? Par quel mystère est-il si bien réglé ? À ce stade, les experts répondent qu'il a sans doute existé un état de l'Univers *antérieur* au Big Bang. Auquel cas cet état antérieur à la naissance de notre réalité pourrait être une pure *information*. De manière étonnante, c'est ce qui filtre sur le site officiel consacré par l'ESA au satellite Planck à la rubrique « Avant le Big Bang ».

Nous voici donc à nouveau ramenés à l'hypothèse d'un code cosmique immergé dans les entrailles de l'espace-temps. Mais quelle est la forme de ce fameux code ? Où donc allons-nous le chercher ?

*

L'idée même qu'il puisse exister un tel « code » paraît folle. Et pourtant... C'est ce que commencent à penser aujourd'hui certains scientifiques. Avec à leur tête des pionniers visionnaires, tel le grand physicien théoricien Heinz Pagels, directeur de l'Académie des sciences de New York dans les années 1980 et ancien président de la Ligue internationale des droits de l'homme. Dans son spectaculaire best-seller *Le Code cosmique*, ce scientifique, pourtant bien connu pour son sérieux et sa prudence, n'a pas hésité à écrire dès 1982 : « Je pense que l'Univers est un message codé, un code cosmique, et le travail du scientifique est de déchiffrer ce code[1]. » Enfonçant le clou, il a d'ailleurs conclu son livre sur cet avertissement : « Le plus grand défi de notre civilisation sera de maîtriser les éléments du code cosmique après leur découverte[2]. »

Un point de vue que son élève le plus doué, le physicien théoricien Seth Lloyd, chercheur au MIT, n'a jamais oublié. Avec lui, nous allons faire une étonnante découverte. Car ce pionnier des énigmatiques ordinateurs quantiques (et aujourd'hui conseiller secret auprès des théoriciens de la puissante NSA) poursuit la même idée depuis le début des années 2000 : l'univers matériel – les arbres qui vous entourent, le soleil qui vous éclaire, la chaise sur laquelle vous êtes assis – tout cela repose sur quelque chose *qui n'est pas matériel* ! Mais sur quoi donc ? Très en verve sur le sujet, entraînant derrière lui de plus en plus de scientifiques – mathématiciens,

1. Heinz R. Pagels, *The Cosmic Code*, Dover Publications, 2012.
2. *Ibid.*

informaticiens mais aussi physiciens –, Seth Lloyd a apporté un début de réponse dans son livre explosif *Programming the Universe* : « Toute chose dans l'Univers est faite de bits d'information. Non pas des morceaux de matière mais des fragments d'information – des 0 et des 1. Les atomes et les électrons ne sont rien d'autre que des bits, organisés au sein d'un programme[1]. »

Un programme ? En somme, encore une fois, une sorte de code ! Voilà qui devient passionnant. Et qui donne un sens inédit aux questions posées plus haut : à quoi pourrait donc ressembler un tel « code » ? Où donc se cache-t-il, s'il existe ? *D'où vient-il ?*

*

C'est par ces interrogations profondément subversives que va débuter notre enquête. Pour certains – presque toujours des mathématiciens –, on devine la trace à peine visible d'une sorte de code, caché au cœur de ces choses banales qui nous entourent, ces éléments de la nature auxquels nous ne faisons guère attention. Lesquels ?

Par exemple, les cristaux de neige. Avec leurs six branches en étoile parfaitement symétriques, ils semblent dessinés par une main invisible. Pourtant, il n'y en a pas deux semblables dans tout l'Univers ! Comment est-ce possible ? Par quel miracle ?

Et par quel prodige ces merveilleuses fleurs d'été qui

1. Seth Lloyd, *Programming the Universe*, Vintage, 2007.

nous entourent dans un pré – par exemple, des marguerites blanches – ont-elles toutes, sans exception, trois, cinq ou huit ou encore treize pétales mais *jamais* quatre, sept, dix ou onze ? Pourquoi ? Toutes les fleurs du monde, sans exception, obéissent à une étrange suite mathématique, découverte au Moyen Âge par le mathématicien Fibonacci. Une suite qui règle les spirales des coquillages tout autant que celles des galaxies. D'où vient cette suite infinie ? Est-ce que, dans les profondeurs mathématiques, cette étrange suite ne représente pas le fragment d'un code bien plus mystérieux encore, réglant la marche de l'Univers ? D'autant plus que, comme nous le verrons par la suite, il existe une relation profonde entre la suite de Fibonacci, les nombres premiers et une fascinante fonction mathématique, découverte par ce penseur de génie qu'était Bernhard Riemann en 1859 : la *fonction Zêta*. De quoi s'agit-il ? De la plus grande énigme mathématique de tous les temps. Elle nous entraînera loin, très loin, dans les brumes d'un mystère insondable. Mais qu'allons-nous donc découvrir au bout de ce mystère ? Si, comme le disait le philosophe Gaston Bachelard, « l'Univers murmure à notre oreille dans une langue inconnue», le lien entre la suite de Fibonacci, les nombres premiers et la fonction Zêta nous permettra-t-il de comprendre quelques mots de cette langue hermétique ?

*

Mais allons plus loin. Certains seraient-ils mieux armés que d'autres pour comprendre – sans l'avoir jamais appris – des bribes de ce langage enchâssé dans les grandes profondeurs de la nature ? Cela semble bel et bien avoir été le cas de cet oiseau rare qu'est le mythique Srinivasa Ramanujan.

Ramanujan !

Ce qui s'est passé dans le cerveau de ce pur génie venu de l'Inde au début du XXe siècle reste aujourd'hui une énigme totale. Il n'a jamais appris les mathématiques. Jamais suivi le moindre cours sur les nombres. Mais il calculait comme il respirait. Sans y penser.

Pour ses dix-sept ans, en guise de cadeau d'anniversaire, il a calculé la « constante d'Euler » (nous vous dirons plus loin de quoi il s'agit) jusqu'à la quinzième décimale. Un exploit encore jamais vu à l'époque. Broyant du noir dans les bas quartiers du port de Madras comme simple aide-comptable, ses dons d'exception sont heureusement remarqués par l'un des meilleurs mathématiciens de l'époque, Godfrey Hardy, qui le fait venir en Angleterre. Et, en 1914, le voilà inscrit au sein de l'inaccessible université de Cambridge. Commence alors une foudroyante ascension. Doctorat en 1916 et entrée l'année suivante dans la très sélective Société philosophique de Cambridge. Puis élection, le 2 mai 1918, à la London Society ! Enfin, dans le même élan, admission en tant que *fellow* à Trinity College, l'un des bastions les plus fermés du monde. Lui, obscur aide-comptable quatre ans plus tôt !

Dans les années 1940, l'américain Mark Kac (célèbre pour avoir découvert avec le prix Nobel Richard Feynman la célèbre formule de Feynman-Kac) a tenté d'élucider le mystère du cerveau de Ramanujan. En vain. Désarçonné, il s'est contenté d'établir cet étonnant constat : « Un génie ordinaire est quelqu'un que vous et moi pourrions égaler, si ce n'est dépasser. Il n'y a aucun mystère dans la manière dont marche son cerveau. Une fois compris ce qu'il a fait, on est certain qu'on aurait pu en faire autant. Mais c'est tout autre chose avec les magiciens. Le fonctionnement de leur esprit est totalement incompréhensible. Même une fois qu'on a saisi ce qu'ils ont accompli, la manière dont ils l'ont fait reste complètement obscure[1]. »

C'est particulièrement vrai pour la relation hors norme que Ramanujan entretenait avec ces nombres qui étaient pour lui aussi importants que l'eau fraîche : les nombres premiers ! Incroyablement à l'aise dans le contrôle mental des grands nombres, ne perdant jamais les relations que ces êtres numériques entretiennent perpétuellement les uns avec les autres, il « voyait » littéralement les nombres premiers défiler devant ses yeux, comme sur un tableau noir. Et il était capable de décomposer – de tête – des nombres entiers en leurs atomes premiers. Un jeu qui, le soir, dans les salons aux nobles boiseries de l'université, plongeait ses camarades étudiants dans un mélange d'exaltation et d'effroi face à ce don proprement surhumain.

1. http://www.imsc.res.in/~rao/sr_aka.pdf

Mais Ramanujan ne s'est pas arrêté en si bon chemin. Prenant le taureau par les cornes, il a un soir vu émerger lentement de la brume cette fameuse fonction, dont nous vous avons dit un mot, la plus mystérieuse de toutes les mathématiques : la fonction Zêta de Riemann. Celle qui, vous allez le voir plus loin, donne accès aux nombres premiers. Et là encore, comme directement « branché » sur cette fonction, il en a extrait – une fois de plus, presque toujours de tête, le front simplement en appui sur ses mains – une vision abstraite, *complète* de ce qu'on appelle aujourd'hui les « nombres premiers de Ramanujan ».

À cet égard, comment ne pas être profondément surpris, comme l'a été Godfrey Hardy, ce grand maître des mathématiques de l'université de Cambridge, lorsque, en ce jour lointain du 16 janvier 1913, il a reçu une lettre de Ramanujan venue du fin fond de l'Inde dans laquelle étaient écrits ces mots auxquels personne n'a pu croire : « Très récemment, je suis tombé sur un article de vous intitulé "Les ordres de l'infini" et en page 36 vous affirmez qu'aucune formule définitive n'a encore été trouvée concernant le nombre de nombres premiers inférieurs à un nombre donné. Or, j'ai trouvé une expression qui se rapproche de très près du résultat réel[1]. »

1. Lettre de Ramanujan à Hardy, 16 janvier 1913, « Ramanujan : Letters and Commentary », *History of Mathematics*, Americain Mathematical Society, 1995, vol. 9.

Bien plus tard, lorsque Hardy lui a demandé comment il s'y était pris pour trouver une solution qui avait échappé à tous les mathématiciens pendant des siècles, Ramanujan a tranquillement répondu : « Une voix m'a soufflé le résultat pendant la nuit. »

Un indice étrange selon lequel ces nombres, dans des circonstances d'exception, semblent en lien direct avec la pensée, sans la barrière du calcul.

*

Un deuxième exemple de cette intimité inexplicable avec les nombres premiers, aux antipodes du précédent, nous est donné par le célèbre neurologue américain, Oliver Sacks. On reste les bras ballants devant le cas étudié par lui, en 1966, de ces jumeaux diagnostiqués autistes, avec un QI ne dépassant pas les 60. Incapables de faire une simple multiplication à trois chiffres, leur cerveau semblait pourtant s'allumer d'un coup lorsqu'un nombre premier – un grand de préférence – passait à leur portée. En quelques secondes, ils étaient capables, selon les tests menés par Sacks, de détecter si un nombre de dix chiffres était premier ou pas. Un exploit considéré comme frisant le surnaturel, sachant que pour obtenir « normalement » ce résultat à la main, il faut aligner des milliers de calculs pendant des dizaines et des dizaines d'heures.

Alors ?

Toujours selon Sacks, les jumeaux pouvaient reconnaître les nombres premiers comme on reconnaît un visage, instantanément. Quelque chose à la surface de 3 334 401 341 leur « disait à l'oreille » que ce nombre était premier, alors que 3 334 401 343 ne l'était pas ! Comme s'ils avaient un accès direct aux structures de l'Univers. Oliver Sacks note, en conclusion de son étude : « Les jumeaux semblaient employer un système de reconnaissance direct. Ils voyaient directement l'Univers et le paradis des nombres[1]. »

On peut – et peut-être même que l'on doit – rester froid et *a priori* sceptique devant un tel phénomène. Toutefois, si ce lien existe vraiment, il ne peut que déboucher sur cette question : quelle est sa signification ? Se pourrait-il que certains esprits aient la faculté de « décoder » çà et là quelques fragments d'un code dont la forme générale nous échappera à tout jamais ?

Nous reviendrons plus loin sur cette interrogation fascinante.

*

En attendant, quittons l'Univers des nombres pour celui de la physique. Avec cette interrogation concernant l'ahurissant « réglage » de l'Univers : par quel miracle les milliards de milliards de milliards de protons – les célèbres noyaux des atomes d'hydrogène – sont-ils *tous* rigoureusement identiques, au moindre

1. *L'homme qui prenait sa femme pour un chapeau*, Le Seuil, coll. « Points Essais », 1992.

fragment de détail près ? Quel est le fabuleux secret de leur fabrication au moment du Big Bang ? Justement, en parlant du proton, par quel prodige cette particule est-elle exactement 1 835 fois plus lourde que son satellite l'électron ? Pourquoi 1 835 et pas 1 836 ou 1 834 ? Par quel mystérieux codage ? Et comment expliquer que la durée de vie de notre fameux proton soit de 10 puissance 40 ans – 10 000 milliards de milliards de milliards de milliards d'années – alors que celle du neutron (qui est pourtant son compagnon le plus proche) est d'à peine... un petit quart d'heure ? Sans cette vertigineuse différence, jamais la matière n'aurait pu se former aux tout premiers instants après le Big Bang. Mais quel phénomène inimaginable a donc pu ajuster l'une sur l'autre ces deux horloges si incroyablement différentes ?

Une nouvelle fois, on a la furieuse impression qu'une sorte de « code » a réglé la question au moment du Big Bang (et peut-être même avant). Mais quel code ? D'où a-t-il surgi ? La question vaut aussi pour ce nombre pur qui fascinait le prix Nobel de physique Richard Feynman, l'étrange constante de structure fine, qui règle l'intensité de la lumière : « C'est l'un des plus grands mystères de la physique, un nombre magique donné à l'homme sans qu'il y comprenne quoi que ce soit. On pourrait dire que "la main de Dieu" a tracé ce nombre et que l'on ignore ce qui a guidé, a fait courir la plume. On connaît le rituel expérimental avec lequel il faut procéder pour le mesurer, mais on ne sait pas quel programme il faut mettre dans son ordinateur pour en faire sortir ce nombre[1]. »

Celui-ci s'écrit 0,007 297 352 568... Mais pourquoi un 6 au onzième rang derrière la virgule ? Pourquoi pas un 7 ou un 5 ? Pourquoi un 8 au douzième rang ? Ce qui est certain, c'est que la constante a cette valeur, calculée expérimentalement, et pas une autre. Si on remplaçait un seul chiffre par un autre (même loin derrière la virgule), non seulement la constante de structure fine serait détruite mais au-delà, notre Univers, dont la matière perdrait sa stabilité, cesserait d'exister en une seconde. Or le plus incroyable, comme nous le verrons plus loin, c'est que cette constante fondamentale a un lien profond avec les nombres premiers ! De la même façon, une autre grande constante de l'Univers, le grandissime nombre Pi (un nombre que Victor Hugo qualifiait sans sourciller de « surnaturel »), a lui aussi une relation des plus étroites avec les nombres premiers.

Comment est-ce possible ?

*

Telles sont les questions et les péripéties captivantes que nous allons vivre dans cet ouvrage. Au long d'une saga quasi initiatique, nous avancerons sur les traces de ces penseurs de génie qui, avant nous, ont

---

1. *QED-The Strange Theory of Light and Matter*, Princeton University Press, 1985.

entrevu l'ombre d'*autre chose*, une réalité immatérielle – comme un code d'essence mathématique – au-delà de la matière. C'est Leonhard Euler qui, en 1735, s'attaque à l'immense mystère des nombres premiers. Et qui a ramené de sa fabuleuse exploration une chose à vous couper le souffle. C'est Ludwig Boltzmann, dont la tombe est ornée d'une étrange formule qui, aujourd'hui, apparaît aux yeux de certains comme un fragment du code secret de l'Univers. Bernhard Riemann, dont le génie a vu dans la nuit ce que d'autres ont cru voir et qui, avec sa très étrange fonction Zêta, va nous donner accès au fond secret de l'Univers. Kurt Gödel – le plus grand logicien depuis Aristote – qui, en 1931, a fasciné Einstein en démontrant à travers le puissant théorème d'incomplétude que la réalité matérielle trouve sa source dans une cause immatérielle. John Wheeler, l'inoubliable inventeur du mot « trou noir », pour qui l'Univers entier repose sur un nuage de nombres. Claude Shannon, le mathématicien de génie qui, vers la fin des années 1930, découvre les fondements de la théorie de l'information. Rolf Landauer, l'énigmatique théoricien d'IBM, qui, en 1965, énonce son célèbre principe selon lequel tout dégagement d'énergie provient de la transformation d'une information antérieure.

À eux tous et avec d'autres esprits d'exception dont nous allons faire la connaissance dans cet ouvrage, ils annoncent un formidable renouvellement, non seulement de tout ce que nous pensons mais aussi de tout ce que nous *pouvons penser* à propos de la réalité qui nous entoure. Au fil des pages, les vestiges de la pensée matérialiste s'estomperont peu à peu, telles des ombres dans la brume.

2

Les atomes des nombres

Commençons par le commencement.

Nous l'avons relevé au début de ce livre, votre chien, votre chat, les fleurs que vous mettez dans votre salon, l'herbe sous vos pieds et les arbres au-dessus de vos têtes, chacun de ces êtres a son « code secret » : le génome, un code bien à lui. Le vôtre aussi – votre ADN – n'existe qu'à un seul exemplaire dans tout l'Univers.

À présent, si l'Univers a lui aussi son code secret, quelles pourraient être les lettres d'un tel code ?

Un premier indice nous est fourni par le langage des ordinateurs. Il s'agit d'un code binaire qui repose sur deux nombres : le 0 et le 1. Le langage universel est donc fait de nombres. À partir de là, sur quoi repose le colossal édifice de tous ces nombres ? De toutes les architectures numériques, sans exception ?

Sur les *nombres premiers* !

Tellement familiers. Et pourtant, tellement mystérieux. Les voici : 2, 3, 5, 7, 11, 13, etc., jusqu'à l'infini. Vous le savez, ce sont les « atomes des nombres » : ils ne sont divisibles que par eux-mêmes et par 1. Et il suffit de les multiplier entre eux pour engendrer tous les nombres entiers possibles et imaginables, sans que l'on puisse jamais atteindre la fin de ce processus torrentiel. Comme vous allez le découvrir – souvent avec émerveillement –, les nombres premiers ont bien plus d'un tour dans leur sac. Un exemple ? Ce sont ce que les mathématiciens appellent des « nombres-univers ». Qu'est-ce que cela signifie ? Que lorsqu'on s'enfonce vers l'infini, les nombres premiers deviennent tellement gigantesques qu'ils contiennent tout ce qui peut exister. Il existe ainsi un nombre premier qui contient votre date de naissance, codée numériquement. Dans un autre, vous retrouverez votre numéro de Sécurité sociale. Et encore dans un autre beaucoup plus grand, codées sous une forme binaire, toutes les suites pour piano de Jean-Sébastien Bach, toutes les œuvres de Léonard de Vinci ou celles de Picasso. Et encore ailleurs, toujours plus loin, tous les films de Steven Spielberg et tous ceux de la saga *Star Wars* de George Lucas et ainsi de suite. Cette propriété étonnante n'est toujours pas certaine pour le nombre Pi. En revanche, elle a été démontrée en 1959 pour les nombres premiers par le grand mathématicien polonais Waclaw Sierpiński (à partir d'un puissant théorème découvert par ce légendaire explorateur allemand des séries infinies de nombres qu'est Johann Peter Dirichlet).

Mais il y a encore plus. Bien plus.

Pour certains chercheurs comme le mathématicien Jean-Christophe Yoccoz, médaille Fields et professeur au Collège de France, « les nombres premiers sont des objets à part entière, comme les atomes ou les molécules… Même si leur nature diffère, ils existent indépendamment de l'esprit qui les étudie, le cerveau des mathématiciens ne créant que les outils théoriques qui permettent de les appréhender[1] ». Cet émerveillement face aux nombres premiers est partagé avec autant de bonheur par le mathématicien Marcus du Sautoy : « Ce sont les pierres précieuses enchâssées dans l'immense étendue de l'univers infini des nombres que les mathématiciens explorent depuis des siècles. Ils sont pour eux une source d'émerveillement : 2, 3, 5, 7, 11, 13, 17, 19, 23… nombres hors du temps qui existent dans un monde indépendant de notre réalité physique[2]. »

*

Des nombres hors du temps !

Nous pourrions ajouter : hors de l'Univers. En effet, nous soutenons le point de vue platonicien selon lequel personne n'a « inventé » les nombres premiers. On ne peut que *découvrir* ces nombres insolites, qui étaient déjà là avant la naissance de la matière. Avant le Big Bang.

Dans une conférence donnée il y a plus d'un siècle,

---

1. *Les Mathématiques dans le monde scientifique contemporain*, éditions Technique & Doc, 2005.

2. *La Symphonie des nombres premiers*, éditions Héloïse d'Ormesson, 2005.

en 1915, l'entreprenant Geoffrey Hardy a fait hocher plusieurs têtes lorsqu'il a clamé sur un ton dramatique en prenant pour cible les nombres premiers : « Les plus grands mathématiciens, à toutes les époques, ont trouvé en eux une attraction mystérieuse, à laquelle il est impossible de résister. » De fait, depuis Euclide ou Ératosthène, en passant, plus près de nous, par Bernoulli, Euler, Gauss, Riemann ou Hilbert, tous ces immenses esprits ont été littéralement envoûtés par les nombres premiers. Pourquoi ? Parce qu'il est pratiquement impossible, à mesure que l'on s'éloigne du zéro et que l'on « monte » vers des nombres de plus en plus grands, de prédire *où* on va les trouver dans la succession infinie des nombres. Toutefois, sans crier gare, des nombres premiers *jumeaux* – une nouvelle bizarrerie – peuvent surgir tout près de « chez nous » ou, au contraire, très loin de l'origine, perdus dans l'infini. Ces nombres jumeaux sont juste séparés l'un de l'autre par un seul autre nombre. C'est par exemple le cas de 5 et 7, de 17 et 19, de 71 et 73 ou encore de 137 et 139.

Comme si ces paires étranges possédaient une sorte de « force » inconnue qui leur permettait de s'assembler deux par deux !

Autre curiosité incompréhensible : 91 est composite, 9 901 est premier, 999 001 est composite, 99 990 001 est premier, 9 999 900 001 est composite, 999 999 000 001 est premier, 99 999 990 000 001 est composite, 9 999 999 900 000 001 est premier. Puis, tout aussi bizarrement, les deux nombres suivants de cette séquence si bien réglée sont composites. Par quel prodige ?

Face à cette étrangeté incompréhensible et à d'autres du même calibre, les mathématiciens font la grimace. Et sortent de leurs gonds. Que dire de ces satanés nombres ? À première vue, ils sont totalement imprévisibles. La preuve ? Il y a neuf nombres premiers (dont quatre « jumeaux ») parmi les cent nombres avant 10 000 000. Mais bizarrement, il n'y en a plus que deux parmi les cent nombres qui suivent 10 000 000 : 10 000 019 et 10 000 079. Leur répartition dans la suite des entiers semble donc relever du hasard. Mais est-ce bien vrai ? Est-ce que les nombres premiers ne « simulent » pas un comportement aléatoire pour apparaître comme s'ils ne dépendaient d'aucune règle alors que, finalement, il n'en est rien ?

En tout cas, aucun secours à attendre du côté des ordinateurs pour dissiper le brouillard et y voir plus clair. De nos jours, aucun d'eux n'est assez puissant pour prévoir l'ordre dans lequel apparaissent les nombres premiers. Ni pour retrouver facilement, dans un nombre entier de 100 chiffres, les nombres premiers qui le composent. Décomposer un grand nombre entier en ses éléments premiers est difficile. Très difficile. Et c'est sur cette redoutable difficulté que repose le secret de vos cartes bancaires !

À partir de là, discrètement, tranquillement, sans jamais se faire voir, sans rien réclamer en retour, les nombres premiers se sont donc glissés au cœur même de presque toutes nos actions quotidiennes et de nos vies. Là, ni vu ni connu, muets comme des nombres, ils organisent en cachette la formidable défense des informations qui nous sont les plus précieuses. On ne peut pas les toucher, on ne pourra jamais les voir, mais ils travaillent. Sans jamais se dévoiler, ils protègent férocement nos plus rares secrets. Créent pour nous seuls des forteresses inviolables. En bref : sans les nombres premiers, notre vie deviendrait tout simplement *impossible*.

*

Mais voici quelque chose d'encore plus troublant : ces fameux nombres premiers sont également présents au cœur même de la nature. L'un des exemples les plus célèbres est celui des *cicadas*, une population de cigales d'Amérique du Nord qui vit le plus clair de son temps sous terre avant d'émerger à l'air libre tous les 13 ans (dans le nord des États-Unis) ou tous les 17 ans (dans le sud) afin de se reproduire. Par quel prodige ces insectes « savent-ils » qu'ils ne pourront quitter leur abri qu'en obéissant à un cycle très précisément dicté par les nombres premiers ? *Comment est-ce possible ?* Le grand paléontologue Stephen Jay Gould affirme qu'en se soumettant au cycle des nombres premiers, en n'évoluant à l'air libre que tous les 13 et 17 ans, les cigales échappent ainsi aux prédateurs : pour aussi extraordinaire que cela puisse paraître, la survie de cette espèce d'insectes se trouve inexplicablement garantie par un mystère enfoui dans les profondeurs d'un nuage numérique dont l'ordre et l'essence même nous échappent.

Cet exemple est-il le seul ? Loin de là ! Voici quelque chose d'encore plus stupéfiant. Il existe une espèce de bambou originaire de Chine appelée *Phyllostachys bambusoides* qui peut atteindre près de 25 mètres de haut. Or, ces étonnants bambous fleurissent tous les cent vingt ans. Une durée vertigineuse, qu'on a du mal à s'expliquer. Pourquoi cent vingt ans et pas une année, comme pour la plupart des plantes ? Comment le bambou « calcule-t-il » une durée aussi longue, sans jamais se perdre au fil des années ? Tout aussi inexplicable, même s'ils sont séparés par des milliers de kilomètres d'un continent à l'autre, les bambous fleurissent exactement *au même moment* – au jour près – dans le monde entier. Leur dernière floraison remonte à 1970. La prochaine aura lieu loin dans l'avenir lointain, en 2090. D'autres espèces cousines fleurissent tous les soixante ans. D'autres encore tous les trente-deux ans.

Comment est-ce possible ?

Tout récemment, trois biologistes de l'université de Harvard, Carl Veller, Martin Nowak et Charles Davis, ont fait un pas vers la réponse[1]. Un pas qui, une fois de plus, laisse sans voix. En effet, ils ont montré que ces très longues durées entre deux « saisons de floraison » sont le produit des trois premiers nombres premiers, 2, 3 et 5 ! Ainsi, le cycle de cent vingt ans de *Phyllostachys bambusoides* est égal à 5 × 3 × 2 × 2 × 2. L'intervalle de soixante ans de son

1. *Ecology Letters*, Harvard University Publications, 2015.

cousin *Phyllostachys nigra* est de 5 × 3 × 2 × 2. Et le cycle de trente-deux ans de *Bambos bambusa* est égal à 2 × 2 × 2 × 2 × 2. Par quel prodige les bambous ont-ils « appris » à multiplier entre eux les trois premiers nombres premiers ? Comment « savent-ils » tous sur la planète – et en même temps – compter jusqu'à cent vingt, sans jamais commettre la moindre erreur sur une durée aussi longue ? Ce mystère est sidérant et nous ouvre une nouvelle porte en direction de quelque chose qui traverse l'espace et le temps et qui prend la forme étrange d'un « code » à portée universelle.

*

Mais nous sommes loin d'être au bout de nos surprises !

Avançons-nous un peu plus dans le nuage numérique des nombres premiers. Nous allons y rencontrer des choses stupéfiantes. Par exemple les étranges « nombres p-adiques », ces êtres numériques totalement différents de tous les autres, qui s'écrivent de droite à gauche, jusqu'à avoir une infinité de chiffres *avant* la virgule. Leur base de calcul est un nombre premier et sans qu'on puisse vraiment comprendre pourquoi, on va les retrouver dans les profondeurs du code génétique comme dans celles de la matière, entraînant les nombres premiers dans leur mystérieux sillage.

Autre exemple, le brillant chasseur de nombres premiers qu'est Andrew Odlyzko (que nous retrouverons plus loin dans ces pages) a découvert que la pyramide des différences entre les nombres premiers a pour côté une suite interminable de 1 (suite vérifiée jusqu'à 300 milliards !).

Comment cela se peut-il avec des nombres premiers *a priori* jetés au hasard ?

Autre exemple encore, savez-vous – à l'instar des anciens horlogers – que si nos montres à mouvement donnent l'heure exacte, c'est grâce aux nombres premiers ? En effet, ce sont eux, ces diables de nombres, qui régissent les engrenages et font qu'ils « marchent » correctement en s'usant le moins possible. C'est vrai pour les grandes roues dentées des usines tout comme pour les minuscules pignons des mécaniques de précision. Mais par quel tour de passe-passe ? Le secret, c'est que pour qu'un système d'engrenages soit bon, il faut que le nombre de dents de la roue motrice et celui de la roue entraînée soient premiers (ou au pire, premiers entre eux). Alors, ils n'ont pas de diviseur commun (en dehors de 1) et tout se passe pour le mieux : l'engrenage marche à merveille ! Par exemple, si une roue à 13 dents tourne contre une roue à 17 dents (13 et 17 sont bien sûr premiers), alors les deux roues reviendront exactement à leur position de départ au bout de 17 tours pour la première et 13 tours pour la seconde ! De manière stupéfiante, on retrouve les deux nombres premiers, mais cette fois dans le nombre de tours des roues et, qui plus est, échangés de l'une à l'autre !

Le phénomène est décidément plus qu'étrange !

À tel point que le génial mathématicien Euler, familier des systèmes mécaniques et lui aussi sur le chemin de ces nombres, n'a pu échapper à cette question vertigineuse qui a fini par l'obséder : si les nombres premiers font si bien tourner les roues, comment se fait-il qu'ils semblent surgir au petit bonheur la chance dans l'océan des nombres ? Mais au fond, est-ce que ces nombres apparaissent *vraiment* au hasard ? Ne surgiraient-ils pas, au contraire, d'un *ordre profond* ?

Cette question presque hypnotique a été posée de la même manière par Gauss et, surtout, par son élève, un autre mathématicien de génie, Bernhard Riemann. Celui-ci se lancera aveuglément à la poursuite de ces fameux atomes numériques. Il passera des années à les pourchasser, à les traquer, à les débusquer enfin grâce à cette mystérieuse fonction – qui a donné des sueurs froides à des milliers de mathématiciens depuis des lustres – à laquelle Riemann a donné le nom fascinant de « fonction Zêta ». Aurait-il réussi à trouver quelque chose comme un ordre dans l'apparition apparemment imprévisible et chaotique des nombres premiers ? Nous verrons plus loin que sa fameuse fonction, aujourd'hui connue dans le monde entier, est considérée comme la plus mystérieuse et, peut-être, la plus importante de toutes les formules jamais découvertes. Mais l'envoûtante hypothèse que Riemann en a tiré (nous verrons plus loin laquelle) est aussi la plus difficile à démontrer parmi tout ce qui existe en mathématiques. Un beau jour, dans les années 1900, le grand mathématicien

George Pólya, l'un des piliers de la mythique université de Göttingen, a reçu l'article d'un jeune chercheur qui croyait naïvement avoir découvert une preuve de la fameuse hypothèse. Aussi sec, Pólya s'est empressé de lui renvoyer l'article avec cette annotation grinçante en première page : « Si vous voulez monter au sommet du mont Cervin, il est probable que vous souhaiterez passer d'abord à Zermat, là où sont enterrés ceux qui ont essayé[1]. » C'est tout dire ! Vous ne serez donc pas surpris de découvrir plus loin que la redoutable hypothèse n'est toujours pas démontrée à ce jour. Pour quelle raison déclenche-t-elle cette incroyable fascination ? Sans doute parce que le secret qu'elle révèle au sein des nombres premiers n'est que le reflet visible d'un secret encore plus profond, invisible, qui touche peut-être les fondements ultimes de la réalité dans laquelle nous vivons.

*

Le moment est venu de rencontrer un esprit visionnaire qui, dans la nuit du XVIIIe siècle, a été l'un des premiers à explorer à tâtons – mais loin vers l'infini – l'étrange univers des nombres. Il est considéré aujourd'hui comme l'un des plus grands génies scientifiques de tous les temps.

1. Cité dans *Mathematics and Plausible Reasoning*, Martino Fine Books, 2014.

Suivez-le pas à pas. Cet esprit visionnaire va nous mettre sur la piste de ce que nous cherchons. Et nous fournir une première clef grâce à laquelle nous allons pouvoir passer une tête de l'autre côté du mur de la réalité.

3

Vers le grand secret

Tout commence dans la tranquille lumière d'une fin de journée de l'été 1735 au fond du golfe de Finlande, à Saint-Pétersbourg. Nous sommes sur la rive ensoleillée de la Neva, à l'ombre calme d'un chêne qui est là, tranquille, depuis plusieurs siècles.

Saint-Pétersbourg !

La ville a surgi à peine trente ans plus tôt du rêve monumental du tsar Pierre le Grand. Depuis, elle a connu des bouleversements qui ont retourné l'Histoire pour toujours. C'est là que sera tiré en 1917 le premier coup de canon de la grande révolution d'Octobre. C'est là aussi qu'entre deux ascensions en ballon dans le ciel glacé, le génial mathématicien Alexandre Friedmann comprendra, en 1922, que l'Univers n'est pas éternel, fondant ainsi la fameuse théorie du Big Bang. Et c'est là enfin que nous rencontrons un jeune homme de vingt-huit ans – à l'époque totalement inconnu – qui, en cette lointaine année 1735, va découvrir dans un foudroyant éclair de génie une formule qui va stupéfier le monde entier. Et nous mettre sur la piste de quelque chose d'inconnu. De très mystérieux. Le tout premier indice d'une sorte de « code » enfoui très loin, dans les profondeurs de la matière.

Leonhard Euler !

Retenez bien ce nom. C'est celui d'un prince de la pensée, tenu pour l'un des plus grands mathématiciens de tous les temps. Petit de taille, son ombre est courte, mais elle contraste furieusement avec l'éclat de ses découvertes qui rayonnent en ondes longues jusqu'à aujourd'hui. Il est vrai qu'il a de qui tenir ! Son père, le respecté pasteur Paul Euler, droit dans son habit noir mais qui se pique parfois de « faire des calculs » pour tuer le temps, est un proche des frères Bernoulli, Jakob et Johann.

Qui sont-ils ?

De nouveaux acteurs – et pas des moindres – dans la pièce que vous êtes en train de découvrir. Les deux frères s'entendent comme larrons en foire. Ce sont les dignes représentants d'une dynastie plutôt étonnante qui, de père en fils, a marqué en profondeur le monde des sciences et tout particulièrement celui de la théorie des nombres. Jakob est l'aîné. Très élégant sous sa lourde perruque à la Louis XIV, la mine concentrée sur ses recherches, proche du grand Leibniz et inlassable explorateur de ce qu'on appelle les séries infinies de nombres, il est considéré comme l'un des plus importants mathématiciens de la fin du XVIIe siècle. Son titre de gloire ? Avoir découvert la fameuse suite qui porte son nom : les « nombres de Bernoulli ». Le père historique du Big Bang, le génial Alexandre Friedmann, ne s'y est pas trompé. À dix-sept ans à peine, il leur a consacré son tout premier article en 1906, tandis que le très inspiré chanoine belge, l'abbé Lemaître, lui aussi pionnier du Big Bang, les a choisis en 1920 pour sujet de sa thèse de doctorat.

Mais il y a plus encore. Bien plus !

En réalité, Jakob Bernoulli – disparu en 1705 – n'a jamais rencontré Euler, né deux ans plus tard, en 1707. Mais cela ne l'a pas empêché de léguer à notre jeune génie, gourmand de tout, quelque chose d'immensément précieux. Qui aura un grand retentissement, non seulement dans la vie d'Euler mais aussi, étrangement, dans la nôtre.

*

À première vue, il s'agit de quelque chose de banal. Une question toute bête, que Jakob pose un beau jour de 1689 – un siècle avant la Révolution française – à son frère Johann : quelle est la somme des inverses des carrés des nombres entiers ?

Johann hausse les épaules. Son frère Jakob reste la personne la mieux armée au monde pour répondre lui-même à une telle question. Pourquoi ? Parce que c'est lui qui, en 1682, donc tout juste sept ans avant, s'est attaqué à un autre problème du même genre, simple en apparence, mais dont la solution – qu'il a trouvée – est des plus difficiles : quelle est la somme des inverses des nombres entiers ? Autrement dit, que vaut la suite ?

$$1 + 1/2 + 1/3 + 1/4 + 1/5, \text{etc.}$$

En jetant un coup d'œil à cette suite, on est tenté de dire que puisqu'on ajoute un nombre qui devient à chaque fois plus petit (jusqu'à devenir infime quand on s'enfonce vers l'infini), la suite converge vers une valeur finie.

Mais est-ce vrai ?

En réalité, non ! Jakob a prouvé que cette impression est fausse ! Dans une illumination visionnaire, en plein XIVe siècle, le bon évêque de Lisieux, monseigneur Oresme (qui, lorsqu'il le fallait, troquait volontiers sa bible contre un solide traité de mathématiques), avait déjà découvert que cette suite (qui porte le joli nom d'« harmonique ») était « supérieure à n'importe quelle grandeur que l'on s'est donnée ». Autrement dit, elle est infinie ! Mais était-ce bien certain ? Au prix d'un calcul compliqué – qui l'a mobilisé pendant des années –, Jakob Bernoulli a fini par démontrer sans laisser la moindre place au doute que cette suite grandit à un rythme incroyablement lent – tellement lent qu'il faut ajouter 10 millions de milliards de milliards de milliards de milliards de termes avant d'atteindre péniblement 100 ! Et pourtant, la suite infernale grandit quand même, jusqu'à devenir infinie !

À partir de là, nouvelle question : est-ce qu'il en va de

même si l'on prend non pas des nombres entiers mais le *carré* de ces nombres ?

Tout en pestant contre son frère, Johann se jette à l'eau. Il se gratte la nuque puis commence à aligner les additions. Chantonnant d'un air distrait, jouant de son crayon comme d'une baguette de chef d'orchestre, il pense venir à bout de la question en quelques minutes. Quoi de plus facile ? Mais les heures passent. Et la solution tarde. Fronçant les sourcils, il décide alors de s'attaquer sérieusement au problème. Noircit des dizaines, puis des centaines de pages. Jette des cahiers entiers au feu. Fait les cent pas après avoir oublié de manger. En vain.

Il n'arrive pas à trouver la réponse.

Bien entendu, Jakob ne l'a pas attendu pour se lancer, lui aussi, dans les calculs de la fameuse suite. Mais là encore, malgré les piles de papier qui s'entassent sur son bureau, malgré les années qui passent, rien à faire : la suite résiste à ses assauts et reste cadenassée à double tour ! Tout est-il perdu ?

C'est là que le sémillant Euler entre en scène.

4

L'étrange nombre d'Euler

Depuis sa plus tendre enfance, Leonhard Euler est persuadé, comme l'était Pythagore un peu plus de deux mille ans plus tôt, que dans l'Univers, « tout est nombre ». À ses yeux, il existe, au fond du ciel comme dans les tréfonds de la matière, une formule unique, capable de tout expliquer. L'étoile qui brille la nuit. L'oiseau qui vole dans le ciel. La fleur que l'on cueille dans les champs.

Et un beau jour, alors qu'il vient d'avoir douze ans, il décide tout d'un coup de partir à la recherche de cette formule.

*

Notre prodige a tout fait au pas de course. Son premier coup d'éclat ? Entrer à l'université de Bâle à quatorze ans à peine pour en ressortir dès 1723 – à seize ans tout juste – avec une maîtrise de philosophie en poche (où il détaille avec un incroyable aplomb les mérites comparés de Descartes et de Newton).

À partir de là, les choses sérieuses vont commencer, aidées par un soupçon de chance En effet, dès sa plus tendre enfance, Euler a côtoyé Johann Bernoulli (souvenez-vous, le jeune frère de Jakob). Or ce dernier a pris la succession de son frère à la chaire de mathématiques de l'université de Bâle et il ne lui faut pas longtemps pour remarquer que Leonhard, qu'il appelle « le gamin », est un mathématicien hors pair. Charmé, il décide de le prendre sous son aile. Tous les samedis, voilà donc notre mathématicien en herbe à la table du grand Bernoulli. Pour prendre tranquillement le thé dans le jardin sans dire une parole. Ou bien pour discuter à bâtons rompus du zéro et de l'infini. Et les résultats ne se font pas attendre : servi par sa mémoire phénoménale (il lui suffit de lire une page pour la retenir mot à mot), Euler devient vite incollable sur presque toutes les branches des mathématiques.

*

En 1727, Euler vient d'avoir vingt ans. Entre-temps, histoire de ne pas rester sur sa faim, le jeune prodige a avalé d'un trait le grec et l'hébreu, qu'il parle couramment. Il s'amuse aussi à faire des petits calculs sans queue ni tête. Par exemple, il évalue que le poids d'un nuage moyen dans le ciel – un simple cumulus – est de plusieurs centaines de tonnes ! Que s'il perçait la Terre d'un long puits d'un bout à l'autre et qu'il sautait dedans, il lui faudrait seulement trois quarts d'heure pour atteindre l'autre côté. Ou encore que durant sa vie une personne ordinaire fait à peu près trois fois le tour de notre planète en marchant !

Mais passons aux choses sérieuses. Désormais, après quelques tâtonnements, il croit dur comme fer que l'Univers a une origine. Il est l'un des premiers à comparer cette origine cosmique au zéro des nombres et son évolution à une suite numérique ! Mais il y a autre chose. Un problème qui le tracasse chaque soir, avant de s'endormir. D'où viennent les mathématiques ? Pour lui, une chose au moins est certaine : on n'invente pas les théorèmes. On se contente de les découvrir. Le théorème de Pythagore ou le nombre Pi étaient là bien avant que Pythagore ou Archimède ne les découvrent. Puis, une fois parvenu à ce sommet du raisonnement, Euler se laisse glisser sans effort dans la descente. Et avant de s'endormir, sa conclusion est toujours la même : les êtres mathématiques existaient bien avant l'homme. Bien avant la matière. Bien avant l'Univers ! Ce sont eux, les concepts algébriques, les éléments géométriques, qui ont permis à la matière d'apparaître, de se structurer et d'évoluer. Une conviction profonde, qu'il a puisée chez Platon. Lorsqu'on tente de la remettre en question, il hausse distraitement les épaules. Cette existence des mathématiques avant tout le reste lui paraît totalement logique. Mieux ! La seule issue possible. Et elle est partagée par nombre de ses collègues.

Pour faire bonne mesure, il s'est plongé dans les arcanes de la théologie – qui, elle aussi, parle de création – et a appris par cœur la Bible dont il s'amuse à réciter en famille des pages entières. Ébloui, son père remercie Dieu tous les jours et rêve de faire de son fils un pasteur. Mais c'est sans compter avec Johann Bernoulli qui lui barre énergiquement le chemin. Pasteur, Leonhard ? Quelle plaisanterie ! Le jeune homme est fait pour être mathématicien, un point c'est tout ! Et pas n'importe lequel ! D'ailleurs, le jeune prodige ne laisse pas ses calculs dans le tiroir, loin de là. C'est dans la grâce de ses vingt ans qu'il trouve la valeur – et également le nom inoubliable – de la constante *e*, à la base de ce qu'on appelle *le calcul exponentiel.* Retenez bien ce symbole : c'est l'une des grandes constantes de l'Univers (sa valeur est $e = 2{,}71828\ldots$) et elle permettra plus tard à notre virtuose des calculs d'écrire sa « formule merveilleuse », considérée aujourd'hui comme la plus belle de toutes les mathématiques. Mais, très curieusement, nous allons aussi la retrouver dans l'écriture de ce possible « code numérique » sur lequel pourrait reposer l'Univers.

*

Euler – qui est devenu au passage un as du calcul mental – sera donc mathématicien. Mais où aller ? À Bâle, les bonnes places manquent et la candidature d'Euler au poste de professeur de physique à l'université n'intéresse personne. Comme le candidat insiste, à la troisième tentative, sa demande est sèchement refusée. Que faire ? Une fois de plus, c'est un Bernoulli – cette fois il s'agit de Daniel, le fils de Johann – qui apportera la réponse. La chaire de physiologie à l'Académie des sciences de Saint-Pétersbourg a été laissée vacante par Nicolas – encore un Bernoulli ! –, le frère de Daniel. Alors pourquoi Euler ne prendrait-il pas la succession ? Pris de court, le jeune homme tord d'abord le nez. Saint-Pétersbourg est au bout du monde et la physiologie n'a pas grand-chose à voir avec les mathématiques. Mais a-t-il vraiment le choix ? Celui que l'on surnommera plus tard le « Mozart des calculs » hausse les épaules : il ira à Saint-Pétersbourg ! Il ne comprend pas un traître mot de russe ? Aucune importance ! Quelques semaines à peine après son arrivée, il parle déjà la langue comme un enfant du pays. Et le reste suit.

À tu et à toi avec tous ceux qui comptent, Euler grimpe à bride abattue les échelons. Il loge à côté de Daniel qu'il retrouve souvent le soir dans sa chambre et avec lequel il a d'interminables discussions (copieusement arrosées de vodka) sur les nombres et leurs mystères. En digne fils de son père, Johann Bernoulli, « le petit Danny » est devenu un maître incontesté en Europe de cette branche des mathématiques qu'on appelle l'analyse. En particulier, il avance à grande vitesse dans le « calcul infinitésimal ». Une démarche d'exploration de l'infini qui, jour après jour, façonne l'esprit bouillonnant d'Euler. C'est de là que date cette énergique résolution dont il a fait sa devise : « Pénétrer dans les mystères intimes de la nature pour découvrir la véritable cause des phénomènes[1]. »

1. Cité par William Dunham, *The Early Mathematics of Leonhard Euler*, Mathematical Association of America, 2007.

*

En attendant, et de façon bien plus terre à terre, il faut penser au quotidien. Passé maître dans l'art de convaincre ses interlocuteurs, notre jeune prodige fait des pieds et des mains pour obtenir un emploi au centre médical de l'Académie et, sur sa lancée, réussit même la prouesse de devenir médecin dans la marine russe ! Mais tout cela – la blouse blanche y compris – ne le fait pas dévier de sa route. En 1731, il se débrouille pour se faire nommer professeur de physique à l'Académie. Enfin ! Le retour à la maison !

Reste un dernier cran à franchir, le plus acrobatique : obtenir la très convoitée chaire de mathématiques. Pas facile. Sauf qu'une fois de plus, les Bernoulli sont au rendez-vous. En effet, après toutes ces années loin de la Suisse, Daniel Bernoulli commence à avoir le mal du pays et, en 1733, voilà qu'il prend les choses en main : il est temps de retourner à Bâle ! Euler ne rate pas la fantastique occasion : il prend aussitôt la succession du « petit Danny » à la tête du département de mathématiques.

Désormais, il a les coudées franches et sa longue marche vers ce qu'il appelle « le secret de l'Univers » va pouvoir commencer.

5

La clef de l'infini

Par ce sombre soir de novembre 1735, un vent chargé de neige, venu de très loin, souffle à gros flocons contre les vitres gelées de l'Académie. Euler s'est marié deux ans plus tôt avec la pétillante Katharina Gsell, fille du célèbre peintre baroque suisse. Le jeune marié est totalement indifférent au talent de son beau-père. Mais il s'enflamme dès que la fille paraît. Elle est aux petits soins pour lui et souvent, le soir venu, elle lui administre de minutieux massages sur la nuque afin, dit-elle, de « l'aider dans ses calculs ».

Hélas, ce soir-là, le jeune marié est seul.

Et il peste contre sa femme. En effet, alors qu'il a tout tenté pour la retenir, celle-ci est partie passer trois longues semaines en Suisse, pour rendre visite à son père. Quelle idée ! Alors qu'il court se verser une tasse de thé pour se réchauffer, il s'interroge, perturbé par des doutes désagréables. Que fait-elle là-bas toute la journée ? Le jeune homme tape du poing sur la table, faisant tressauter le flacon d'encre. Il faut qu'il se change les idées. Mais comment faire ? Il gèle trop pour mettre le nez dehors ! Au-delà des fenêtres, même les ombres sont blanchies par la neige et le froid. Un froid glacial, venu du pôle Nord et qui transperce tout. Tassé au fond de son bureau, Euler bourre de bûches le poêle en fonte. Il le sait, il n'y a qu'un seul remède pour le remettre en forme : les mathématiques !

Presque un demi-siècle s'est écoulé depuis que Jakob, le mythique père des « nombres de Bernoulli », a glissé un jour de 1689 à l'oreille de son frère Johann sa fameuse énigme sur la somme des inverses des carrés des nombres entiers.

$$1+\frac{1}{2^2}+\frac{1}{3^2}+\frac{1}{4^2}+\frac{1}{5^2}+\text{etc.}$$

Tout comme son père et son oncle avant lui, « le petit Danny » a passé lui aussi d'innombrables nuits blanches à tourner autour de la mystérieuse suite. De même que bien d'autres esprits des plus brillants, tels que le « maître de Bologne », Pietro Mengoli, dès 1644, ou bien ces grands chasseurs de nombres que sont Leibniz, Moivre ou encore Stirling.

En vain ! Plus dure que le granit, la fameuse suite a résisté à tous les assauts. Or, à son tour, histoire de se réchauffer, Euler commence à y penser.

*

Et bizarrement, ça commence à aller mieux. Encore une ou deux gorgées de vodka et il sera complètement sur pied. Sans encore trop savoir pourquoi ni comment, entre deux silences emportés par le vent, il sent que cette suite est à lui. Que c'est *lui*, Euler, qui lui arrachera son fantastique secret. Mais quel est donc ce secret ? Pourquoi est-il si envoûtant ? Est-ce que cette suite augmente sans cesse, jusqu'à devenir infinie ? Ou bien, au contraire, est-ce qu'elle converge vers une valeur finie ? *Et si oui, laquelle ?*

Euler frappe à nouveau sa table du plat de la main. Il en est à présent convaincu : derrière ces symboles innocents, il y a bien plus qu'une simple solution à un problème d'arithmétique. Il y a autre chose. Quelque chose qui, justement, a à voir avec l'« intime secret de la nature ». Mais quoi ? Plissant l'œil droit (signe chez lui d'une vive agitation), le jeune homme retient un long silence au fond de sa gorge et se met à faire les cent pas dans son minuscule bureau. Ce n'est pas possible ! Il *doit* trouver la clef du mystère, coûte que coûte !

Une clef !

Tout à coup, une idée presque dérangeante lui traverse l'esprit. Et si... et si cette suite infernale, à la différence de la fameuse somme des inverses des nombres entiers, n'allait pas en croissant jusqu'à l'infini ? Si, au contraire, elle convergeait vers une valeur *finie* ?

Mais ce n'est pas tout.

Une nouvelle idée, complètement folle celle-là, jaillit soudain dans sa tête. Pourquoi est-ce que cette suite qui, décidément, ne ressemble à aucune autre, n'aurait pas quelque rapport avec le plus étrange de tous les nombres ? Pourquoi ne serait-elle pas reliée, d'une manière ou d'une autre, au nombre Pi ? La tête soudain surchauffée, Euler se jette d'un bloc dans les calculs. Il n'en ressortira que deux jours plus tard, à moitié mort de fatigue et de froid. Mais il tient quelque chose. Une formule tellement bizarre qu'il n'en a jamais vu de pareille.

Elle s'écrit tout simplement :

$$1+\frac{1}{2^2}+\frac{1}{3^2}+\frac{1}{4^2}+\frac{1}{5^2}\ldots=\frac{\pi^2}{6}$$

Euler s'éponge le front. Comment est-ce Dieu possible ? Comment 1 plus 1/4 plus 1/9, etc. jusqu'à l'infini – c'est-à-dire en ajoutant une infinité de chiffres les uns aux autres –, comment cette somme infinie peut-elle tomber sur un résultat *fini* ? Et par quel miracle ce résultat est-il égal à Pi au carré divisé par 6 ?

Arrêtons-nous un instant sur cette solution stupéfiante. Qu'est-ce que Pi vient faire là-dedans ? Pourquoi ce nombre transcendant, qui nous donne le rapport entre la circonférence et le diamètre d'un cercle, a-t-il tout à coup surgi au bout des calculs d'Euler ? Il faut dire que ce nombre, si différent de tous les autres, le fascine depuis toujours. D'ailleurs, c'est lui qui, à peu près à cette époque, a popularisé pour la première fois la célèbre notation grecque π que vous utilisez aujourd'hui tous les jours.

Mais il y a encore autre chose.

*

Ce qu'Euler a entrevu dans un éclair, c'est que Pi recèle, très loin dans ses décimales perdues à l'infini, quelque chose d'incroyablement profond. Comme un secret qui touche l'Univers tout entier. Lequel ? Il est encore un peu tôt pour répondre. Pour l'instant, contentons-nous de relever que Pi – comme le nombre d'Euler, *e* – est ce qu'on appelle une « constante universelle ». Qu'est-ce que ça veut dire ? Qu'on retrouve Pi partout dans l'Univers, avec rigoureusement la même valeur, dans l'infiniment grand des étoiles comme dans les moindres recoins de la matière. Dans les cathédrales du Moyen Âge comme dans les plans les plus compliqués des architectes d'aujourd'hui. Dans les célèbres grandeurs de Planck à l'origine du Big Bang comme sur votre petit cahier lorsque vous étiez sur les bancs de l'école. Comme l'a écrit un jour sur un ton amusant ce grand admirateur d'Euler qu'est le mathématicien britannique Augustus De Morgan : « Ce mystérieux nombre 3,141592... Il entre chez nous par toutes les portes et toutes les fenêtres et même par les cheminées[1]. »

Est-ce tout ? Pas tout à fait. La valeur de Pi est réglée une fois pour toutes – et jusqu'à l'infini ! – à partir d'une source qui, en réalité, se trouve, comme aime à le répéter le physicien théoricien Paul Davies, « à l'extérieur de notre Univers ». Or, tout est là : si Euler a

1. http://numbers.computation.free/Constants/Pi/pi.html

soudain « vu » que Pi était la solution, c'est parce qu'il s'agit de l'un des nombres purs (peut-être le plus fondamental) sur lequel repose l'Univers. Mais cette vision a d'immenses conséquences. En effet, cela veut dire que la formule proposée par Euler concerne l'Univers tout entier. Qu'il y a bien derrière elle « quelque chose » d'autre, de totalement inconnu.

Peut-être bien. Mais quoi donc ?

*

Peut-être ressentez-vous que nous touchons ici quelque chose de brûlant. Comme un premier fragment du secret que nous cherchons dans ce livre. Mais est-ce que cette formule a vraiment tout dit ? Pas si sûr ! Face à ces symboles qui s'ordonnent si bien sur le papier, avec tant de grâce, Euler a beau être ému aux larmes, il sait qu'il n'a rien démontré. Que tout reste à faire.

Pourtant, la nouvelle de l'étonnante trouvaille d'Euler se répand comme une traînée de poudre aux quatre coins de l'Europe. Du jour au lendemain, le voilà devenu célèbre pour avoir trouvé la solution à un problème qui restait irrésolu depuis presque un demi-siècle ! Et très vite (comme Jakob Bernoulli et Euler sont nés à Bâle), le problème en question se voit affublé du nom pittoresque de «problème de Bâle ».

Mais un début de gloire a beau être au rendez-vous dès 1735, Euler veut aller plus loin. Il sent qu'il y a derrière son extravagante découverte quelque chose d'immense. Quelque chose qui va lui permettre – et à nous avec lui – de faire un nouveau pas vers ce code si troublant qui se cache dans les plis matériels de notre univers.

Aller plus loin ? Euler ne demande que ça. Mais c'est sans compter avec cette mauvaise fièvre qui s'abat soudain sur lui et le cloue au lit pendant de longs mois. Heureusement, l'année suivante, à force de soins énergiques administrés par son « *Gut Doktor* » et de massages de la nuque par Katharina, le voilà à nouveau sur pied, avec un appétit d'ogre pour les formules. Cette fois, rien ne va lui résister !

6

Face au premier mystère

Ce printemps 1736 s'annonce très doux. Cela fait maintenant plus de vingt ans que la France est entrée sans à-coups dans le long règne de Louis XV le Bien-Aimé. Cette année-là, le jeune Jean d'Alembert (fils naturel de l'austère duc Léopold d'Arenberg) vient d'abandonner ses études de médecine pour se lancer dans la seule chose qu'il aime : les mathématiques. Et quel est le personnage qu'il admire le plus au monde ? Un jeune homme qui a une dizaine d'années de plus que lui : Leonhard Euler. Ce dernier ne le sait pas encore, mais il figurera plus tard dans la monumentale *Encyclopédie* que Diderot et d'Alembert écriront ensemble et qui les rendra célèbres dans le monde entier. Euler est devenu un as des séries infinies. Et cela lui a donné l'envie – il sait que désormais, c'est à sa portée – de s'attaquer à l'un des plus étonnants mystères de la nature : les nombres premiers.

*

De quoi s'agit-il ?

Rapprochons-nous d'eux une nouvelle fois. À première vue, ils ressemblent aux autres nombres entiers comme deux gouttes d'eau : 2, 3, 5, 7, 11, 13, 17, 19, 23, 29, 31, 37, etc. Sauf que... souvenez-vous : ils ne sont divisibles que par eux-mêmes (et, bien sûr, par 1) ! Autrement dit, ce sont les « atomes » de la réalité numérique. Insaisissables, imprévisibles, les nombres premiers ont même quelque chose de facétieux. Comme pour narguer ceux qui tentent de les attraper. Qu'on en juge : les nombres 31, puis 331 et 3 331, et plus loin 33 331 puis 333 331 ou encore 3 333 331 et enfin 33 333 331 sont *tous* des nombres premiers. En revanche, le nombre suivant de la séquence, 333 333 331, ne l'est pas ! Il est en effet égal à 17 × 19 607 843.

Comment expliquer ce phénomène ?

Il nous faudra aller chercher loin la réponse. Très loin. Et la liste de ces nombres étranges est longue. Très longue. À vrai dire, elle est infinie. Plus on s'enfonce dans l'océan des nombres, plus les nombres premiers deviennent grands. Gigantesques. Le nombre plus énorme jamais calculé jusqu'ici s'écrit 2 à la puissance 57 885 161 moins 1 ! Un nombre monstrueux, qui compte plus de 17 millions de chiffres. Très exactement, il comporte 17 425 170 chiffres ! Il a fallu quarante jours de calculs en continu sur de puissants ordinateurs en batterie pour parvenir en 2013 à ce résultat colossal. Pour écrire un tel nombre en entier, il faudrait utiliser plus de vingt livres de cinq cents pages chacun ! Signalons au passage qu'un nombre d'environ une centaine de chiffres suffit pour compter un à un tous les atomes de l'Univers.

Or, de l'avis de tous ceux qui les ont un tant soit peu fréquentés, ces nombres sont mystérieux. Incompréhensibles. En tout cas, c'est ce qu'en pense le mathématicien hongrois Paul Erdös, considéré comme l'un des plus profonds théoriciens du XXe siècle : « Quelque chose d'étrange se passe avec les nombres premiers[1]. » Sur la même longueur d'onde, le brillant expert américain en théorie des nombres, Don Zagier, a déclaré le 5 mai 1975 à l'université de Bonn : « Il n'y a aucune raison apparente pour laquelle un nombre est premier et un autre ne l'est pas. Mais en regardant ces nombres, l'on a le sentiment d'être en présence de l'un des plus inexplicables secrets de la création[2]. »

Faisons ici une première halte.

Vous vous demandez sans doute ce que ces nombres ont à voir avec l'Univers, et surtout, avec vous. Certes, à première vue, pas grand-chose. Mais détrompez-vous ! Les nombres premiers sont partout. Visibles au grand jour ou bien cachés derrière des nombres entiers. Par quel prodige ? Vous le savez, de même que n'importe quelle molécule peut être décomposée en atomes plus simples, tout nombre entier peut être décomposé en un

---

1. Cité par Bruce Schechter, *My Brain is Open : The Mathematical Journeys of Paul Erdös*, Simon & Schuster, 2000.

2. « The first 50 million prime numbers », *The Mathematical Intelligencer*, 1977.

produit de nombres premiers. Ainsi, dans l'un de ses nombreux articles, on peut lire sous la plume d'Euler : « Il est facile de trouver une méthode pour analyser n'importe quel nombre ou le décomposer en ses simples facteurs[1]. » Et il donne l'exemple de 360 qui résulte du produit $2 \times 2 \times 2 \times 3 \times 3 \times 5$. Rien que des nombres premiers ! Or, le plus stupéfiant, c'est que ce produit est *unique* ! Il n'existe aucun autre produit de nombres entiers qui puisse donner 360. Euler a entrevu ce phénomène, mais l'a survolé du bout de sa plume, sans insister. En revanche, comme nous le verrons plus loin, cette étrange manifestation du caractère totalement à part (pour ne pas dire inexplicable) des nombres premiers a hanté le mathématicien de génie Carl Friedrich Gauss, l'un des maîtres emblématiques de l'université de Göttingen, en Basse-Saxe.

*

Gauss ? Vous connaissez bien sûr ce nom. C'est celui d'un calculateur prodige qui, dès l'âge de sept ans, a stupéfié son professeur en calculant de tête la somme des cent premiers nombres entiers, le tout en quelques secondes. Mais c'est aussi un redoutable mathématicien, dont la pensée est universelle. Et pour lui, rien dans le monde des nombres n'est plus important que les nombres premiers. À tel point qu'il a lancé au début

---

1. Cité par William Dunham, *op. cit.*

du XIXe siècle : « Le problème de distinguer les nombres premiers des nombres entiers puis celui consistant à décomposer ces nombres entiers en nombres premiers est connu pour être le plus important de toute l'arithmétique[1]. » Et pour cause ! Car la saisissante conséquence de tout cela, c'est que tout, absolument tout, repose *in fine* sur des nombres premiers. Le livre que vous tenez entre les mains. L'air que vous respirez. La chaise sur laquelle vous êtes assis. Le verre d'eau que vous avez avalé ce matin.

Et puis, il y a cette manière totalement inattendue qu'ont les nombres premiers de se glisser dans ce qui est probable (ou ce qui ne l'est pas). Par exemple, la probabilité pour que deux nombres entiers choisis au hasard soient premiers entre eux (autrement dit, qu'ils ne possèdent aucun facteur premier en commun) est égale à $6/\pi^2$. La chose est d'autant plus incroyable qu'elle fait intervenir cette autre constante vedette de l'arithmétique qu'est Pi et que nous retrouvons ici rigoureusement l'inverse de la fameuse formule de Bâle qui a fait suer Euler sang et eau.

Comment donc est-ce possible ?

Nous répondrons bien sûr à cette question plus loin. Pour l'instant, contentons-nous de rappeler que dans tout ce qui existe, dans un grain de sable comme au cœur des étoiles, l'on rencontre des particules élémentaires. Des fragments de matière irréductibles, qui ne sont pas

1. *Disquisitiones Arithmeticae*, Yale University Press, 2001.

composés de fragments encore plus petits. Mais justement : de quoi sont faites les particules élémentaires ? Là encore, il vous faudra un peu de patience. Car ce que vous allez découvrir plus loin est tellement déconcertant, à ce point difficile à imaginer, qu'il faut vous y préparer. Mais, dans tous les cas, souvenez-vous d'une chose · la réponse passe par un chemin où, très étrangement, nous allons rencontrer les nombres premiers. Et quand vous les croiserez, souvenez-vous d'une deuxième chose : leur suite mystérieuse cache un formidable secret, en lien direct avec le code que nous cherchons ici. Mais pour bien comprendre tout cela, il est temps d'en savoir un peu plus. Nous vous proposons donc de retourner vers Euler qui, lui aussi, pressent qu'il s'approche d'un secret brûlant.

*

Méthodique comme toujours, notre homme commence par se poser une première question désarmante de simplicité (mais lourde de conséquences) : est-ce qu'il existe une infinité de nombres premiers ? Ou pas ? Bien sûr, dans son magistral traité sobrement intitulé *Éléments*, le légendaire Euclide a déjà donné la réponse, vers 300 avant Jésus-Christ. Mais n'y a-t-il pas place pour une démonstration plus rigoureuse ? Euler se frotte les mains. En un éclair, il a en effet saisi que la formule sur la somme des inverses des nombres entiers va lui donner la réponse. Aussitôt dit, aussitôt fait : un beau matin de 1737, sifflotant le prélude de la première Suite de Bach pour violoncelle (qu'il adore), Euler se lance un peu à l'aveuglette dans ses premiers calculs. Sans trop savoir par où il va passer. Mais quelle importance ? Il sait qu'il va mettre droit au but. Comment s'y prend-il ? En faisant une fois de plus appel à son flair redoutable ! Car notre homme tient une piste. Vissé sur sa chaise, le nez collé à sa feuille de papier, il « sent » que la somme des inverses des nombres entiers pourrait bien être égale à une curieuse fraction où l'on pourrait trouver en haut (au-dessus de la barre) le produit de tous les nombres premiers et en bas, selon ses propres mots, « les mêmes moins une unité ». Voici donc la formule, telle qu'Euler l'a griffonnée sur son carnet en 1737 :

$$1+\frac{1}{2}+\frac{1}{3}+\frac{1}{4}\ldots = \frac{2\times3\times5\times7\times11}{(2-1)\times(3-1)\times(5-1)\times(7-1)}\ldots$$

Pour la première fois pourrait émerger un lien jusqu'alors inconnu entre les nombres entiers d'un côté et les nombres premiers de l'autre...

En passant un doigt presque affectueux sur ses calculs, Euler ne peut réprimer un fin sourire : puisque la somme des inverses des nombres entiers est infinie – et si sa formule est exacte –, alors il existe bel et bien une infinité de nombres premiers. Ébahi par l'énormité de ce qu'il entrevoit, Euler plonge la tête entre ses mains. Car si son résultat est vrai, il n'est que le marchepied d'une nouvelle question, dont la portée est cette fois colossale.

Posons-nous cette nouvelle question avec lui : ces atomes numériques que sont les nombres premiers surgissent-ils au hasard dans l'interminable défilé des nombres entiers ? Ils donnent bien sûr cette impression. Mais est-ce vrai ? Suivant son instinct de mathématicien, celui qui est devenu à présent un savant réputé aux quatre coins de l'Europe sent confusément que ce n'est pas le cas. Pour lui, ces satanés nombres premiers – ces « drôles de diables », comme il les surnomme parfois avec familiarité – non seulement obéissent à un ordre mais, plus profondément, *créent* cet ordre. Peut-être bien… Mais grands dieux, comment le démontrer ? La tête dans les mains, Euler sent qu'il est face à un mystère crucial. Non seulement dans le monde des mathématiques, mais dans le monde tout court. Tel un nageur dans un immense océan, il se jette donc une nouvelle fois dans les calculs. Concentré, sourcils froncés, il est nerveux. Car il sait que, d'une certaine façon, s'il trouve la réponse, cela voudra dire que dans l'Univers entier, rien n'est laissé au hasard. Que s'il existe une « codification » au niveau des nombres premiers dont dépendent tous les autres nombres, alors il existe *de facto*, inévitablement, un « code » dans l'Univers.

Les calculs sont horriblement difficiles.

Pourtant, au bout de plusieurs longues semaines sans relever la tête, sans presque s'arrêter pour manger et dormir, une lueur apparaît, loin au fond des chiffres et des symboles. Euler tient enfin quelque chose. Ce quelque chose lui montre qu'il existe un lien explicite, d'une précision extrême, entre les nombres entiers et… les nombres premiers !

Mais une fois encore, *comment est-ce Dieu possible* ?

*

En attendant la réponse, l'étrange formule qu'il pressentait depuis le début a fini par émerger du brouillard, jetant un pont fantastique entre les nombres entiers et les nombres premiers ! Mais ce lien est tellement invraisemblable qu'Euler a des doutes. Et, pour finir, il hausse les épaules. Car il a beau se raconter des histoires, la démonstration rigoureuse, elle, n'est pas encore au rendez-vous. Serrant les poings, le jeune homme (il n'a pas encore trente ans) va donc s'atteler à la tâche. Il sait qu'elle sera longue. Et, de fait, les années passent.

1739, rien. 1740, toujours rien. Serait-ce que la vie en Russie commence à lui peser et le rend moins vif d'esprit ? Toujours est-il qu'au printemps 1741, il reçoit une lettre qui tombe à pic. Son auteur ? Frédéric II de Prusse en personne ! Euler s'écroule de joie sur son fauteuil : le souverain – déjà une célébrité dans toute l'Europe – lui offre un poste taillé sur mesure à l'Académie de Berlin. En deux temps trois mouvements l'affaire est réglée et les valises sont bouclées : le 19 juin 1741, notre homme se met en route pour Berlin.

Nous allons l'y retrouver au chapitre suivant. Et vous allez découvrir avec lui une clef qui va vous faire entrevoir l'envers du décor de l'Univers.

7

Le premier fragment du code

Nous voici donc en 1741 à Berlin, fière capitale de la Prusse. L'arrivée d'Euler au cœur de l'Empire germanique se passe au mieux. D'autant que Sa Majesté Frédéric de Hohenzollern, roi de Prusse, un fringant jeune homme de vingt-neuf ans, s'entend très bien – question de génération – avec cet autre homme jeune qu'est Euler. Il est vrai que le caractère du jeune prince a été trempé dans l'acier d'une dure épreuve, alors qu'il n'avait que dix-huit ans. Libre penseur avant l'heure, lui et son plus proche ami Hans Hermann von Katte avaient décidé de s'enfuir pour l'Angleterre. Une foucade d'adolescents, mais interprétée comme une haute trahison. Condamné à mort sur ordre de Frédéric Ier, Hans Hermann est décapité sous les yeux horrifiés du prince qui s'effondre en hurlant sa rage contre le pouvoir absolu. Et son mépris pour son père. De là date son orientation vers le libéralisme éclairé et son attrait pour les philosophes et les savants, en particulier les mathématiciens.

Euler est de ceux-là.

Dans son merveilleux château baroque de Sans-Souci, Frédéric II, désormais surnommé « le Roi philosophe », (à qui le déjà légendaire Emmanuel Kant rend hommage) reçoit avec tous les égards celui qu'il appelle le « Prince des mathématiques » et se pique même de jouer pour lui – avec délicatesse – de la flûte traversière. Au diable l'étiquette ! D'ailleurs, sa bienveillance inspirée le pousse à choisir notre mathématicien prodige en tant que professeur attitré pour sa nièce bien-aimée, Frédérique-Charlotte de Brandebourg. D'un salon à l'autre, Euler finit par se sentir comme un poisson dans l'eau à la cour de Prusse, où il rencontre Voltaire – redoutable penseur, avec lequel le courant passe mal – mais aussi Maupertuis (qu'il admire), d'Alembert et bien d'autres grandes figures de l'époque.

Mais tout cela est loin de le détourner de l'essentiel. Bien au contraire.

À partir de 1742, il ne se passe plus un jour sans que notre prodige des chiffres ne revienne sur le grand problème dont il a entrevu la solution dans les grandes lignes, sept ans plus tôt : le célèbre problème de Bâle. À ce stade, il est prêt à en mettre sa main à couper : sa formule est exacte. Mais comment en être *certain* ? Ce qui manque à Euler, c'est une démonstration rigoureuse. Solide. Que personne ne puisse ni moquer ni contester ! Par quel bout prendre ce chantier ? Il n'en a pas la moindre idée. Mais le défi – comprendre comment une somme infinie peut donner quelque chose de fini – le captive de plus en plus.

L'infini !

Un peu comme en altitude où l'air vient à manquer, dans l'infini, les repères et même les mots pour comprendre se font rares ! Entre 0 et 10, il y a quatre nombres premiers ! Ce qui signifie 40 % de premiers. Mais entre 1 milliard et 10 milliards, ils ne sont plus que 4,6 %. Au-delà, le pourcentage fond comme neige au soleil. Ce qui débouche sur cette réalité inimaginable : lorsque les nombres entiers filent vers l'infini, la quantité des nombres premiers tend vers zéro ! En revanche, perdus dans l'infiniment grand, ils atteignent une longueur immense. Mais *jamais* infinie. D'où ce paradoxe : il existe une infinité de nombres premiers, mais tous – même à l'infini – sont de longueur finie ! De ce point de vue plus que sidérant, les nombres premiers sont les atomes de l'infini ! Euler vacille sous le choc. Comment mettre de l'ordre dans tout ça ? Une seule chose à faire, il le sait : revenir à cette clef qu'est la formule de Bâle. Et la démontrer !

Encouragé presque chaque jour par son épouse qui lui cajole l'épaule, notre ingénieux explorateur retrousse donc ses manches et se met au travail. Noircit à nouveau des centaines de pages, aligne de longs calculs et s'éponge le front. Sans le moindre résultat pendant des années. Jusqu'à un beau matin de 1748 où le voile se déchire enfin !

*

Un tonnerre d'applaudissements éclate soudain sous les voûtes de l'Académie de Berlin. Face au tableau noir, Euler vient de terminer sa longue démonstration. Tous les mathématiciens qui sont là – certains font partie de la fine fleur de l'institution – le reconnaissent : le problème de Bâle est enfin démontré ! Désormais, on peut être certain que la somme des inverses des carrés des nombres entiers est égale à Pi au carré divisé par 6. Voilà à quoi ressemble la formule dont Euler est si fier :

$$\sum_{n-1}^{\infty} \frac{1}{n^2} = \frac{\pi^2}{6}$$

Tandis que les cris de joie fusent dans la salle, le représentant du roi de Prusse esquisse trois pas feutrés sur les dalles de marbre et glisse quelques mots à l'oreille du savant. Celui-ci ébauche un fin sourire : il est prié à dîner le soir même à la table de Sa Majesté. Une fois de plus, il y déclenchera l'admiration du souverain et de sa cour pour cette prouesse qui enchante les petits marquis et les capitaines de cavalerie.

Faisons ici une petite pause. Que signifie au juste cette étrange formule ? Patience. Nous en apprendrons bien plus au fil des pages. Cependant, il nous faut déjà relever que cette équation toute simple marque le tout premier pas d'une longue ascension. Celle qu'Euler va accomplir, étape après étape, vers cet immense puzzle chiffré sur lequel repose notre Univers.

Sa seconde grande victoire, Euler va la remporter la

même année. En effet, durant le bel été de 1748, alors qu'il se délasse à l'ombre des grands arbres dans le parc de l'Académie de Berlin, il se pose une nouvelle question, qui lui paraît naturelle : que se passe-t-il si, au lieu de prendre les carrés des nombres entiers, on prend une puissance quelconque ? Par exemple le cube ? Ou bien la puissance quatrième ?, etc. *A priori*, rien de bien compliqué. On remplace tout simplement le petit 2 de l'exposant dans la suite des nombres par un nombre quelconque (par convention appelé *s*). La suite s'écrit alors comme la somme de 1 sur *n* (*n* pour n'importe quel nombre entier) à la puissance *s*. Cela ressemble à peu près à ceci :

$$1 + 1/2^s + 1/3^s + 1/4^s + 1/5^s... + 1/n^s$$

Regardez-la bien. Prenez votre temps. Cette suite en apparence si peu différente d'une autre, si ressemblante à une expression mathématique banale, est en réalité une clef universelle. En fait, le premier « passe-partout » qui va nous permettre d'ouvrir le fond secret de l'Univers. Pourquoi ? De quelle manière ? C'est ce que nous allons découvrir plus loin avec émerveillement.

En attendant, Euler, lui aussi, se pose tout un tas de questions face à cette suite. Il sent bien qu'elle cache quelque chose de plus profond qu'une simple solution numérique. Mais quoi ? L'esprit enfiévré, il commence par remplacer *s* – le symbole général de la puissance – par de vraies valeurs : 2, 3, 4, etc. Il le sait déjà, pour *s* = 2, la suite est égale à Pi au carré sur 6. Mais pour

$s = 4$? Euler calcule et a soudain un choc : la suite devient égale à Pi puissance 4 divisé par 90. Autrement dit $\frac{\pi^4}{90}$. Ou encore 1,082 323 233.

C'est incroyable !

Euler n'en croit pas ses yeux. Son cœur bat un peu plus vite. Il s'enflamme alors et cherche ce qui se passe lorsque $s = 10$. Le résultat est tout bonnement renversant : $\frac{\pi^{10}}{93\ 555}$, soit 1,000 994 577.

Comment ces calculs à ces puissances infernales peuvent-ils retomber à chaque fois sur Pi ? Par quel invraisemblable prodige Pi est-il mêlé à cette somme ? En outre, Euler observe que plus les puissances augmentent, plus on s'approche de 1. Pour $s = 1\ 000$? Le mathématicien jette l'éponge. Impossible de faire un seul pas dans un calcul d'une telle hauteur. Mais il suppose que le résultat s'écrit 1 puis la virgule puis un vertigineux nombre de zéros qui suivent avant d'arriver au premier chiffre non nul perdu loin derrière.

Qu'est-ce que tout cela veut dire, grand Dieu ?

Euler sort son mouchoir de soie fine, s'essuie le front et le lance par-dessus son épaule. Tout cela lui donne le vertige. Mais il est loin d'être au bout de ses surprises. Car il s'est mis en tête de trouver ce que signifie cette formule si étrange. À coups de calculs acharnés, les doigts en sang à force de casser des crayons, Euler débouche enfin sur la solution générale de cette redoutable suite. Cette fois, il est obligé de se laisser tomber sur une chaise tant il a les jambes coupées par ce résultat !

Ce qu'il vient de découvrir dépasse tout ce à quoi il s'attendait. Sa formule est bel et bien une clef ! Un passe-partout, qui va lui permettre d'ouvrir des tas de portes derrière lesquelles il y a des trésors ! Et, avec un peu de chance, il pourra peut-être même s'emparer d'un petit bout du mode d'emploi de l'Univers ! Qui sait ?

Repoussant son carnet, il se lève et fait en sifflotant le tour de son bureau de l'Académie de Berlin, à l'abri des voûtes. Il n'y a personne à cette heure-ci. Il peut donc écrire tranquillement sur le tableau noir la formule qui lui a donné tant de fil à retordre. La craie court en grinçant sur l'ardoise. Puis il recule de trois pas et plisse les yeux pour mieux voir. Le grand savant a la sourde sensation que ces symboles ont *vraiment* un rapport avec ce qu'il y a de plus profond dans l'Univers. Quoi donc ? Impossible de le dire. Mais il a l'intuition qu'il tient la toute première base de ce mystérieux « code » numérique que nous cherchons ici et qui, peut-être, sous-tend l'Univers entier.

Mais qu'a donc prouvé le grand Euler en cette année 1748 ?

Quelque chose qui annonce les immenses bouleversements qui vont secouer la théorie des nombres au XXe siècle. Ce qu'il a débusqué porte sur une très étrange relation – en fait totalement inattendue – entre sa fonction fétiche et... les nombres premiers !

*

Encore eux, une fois de plus ! Ils font ici un retour fracassant, que personne n'aurait pu prévoir. Quelle est cette relation ? La réponse a de quoi estomaquer : Euler a découvert une formule – une fois de plus – qui, pour la première fois, permet d'établir un pont entre d'un côté une somme concernant les nombres entiers (à gauche de l'équation) et, de l'autre (sur le membre de droite) un produit impliquant les nombres premiers. À présent, ne vous effrayez pas ! Regardez l'égalité ci-dessous, juste pour le plaisir. En dépit de son apparence, elle est toute simple : c'est le très célèbre « produit d'Euler » :

$$\frac{1}{1^s}+\frac{1}{2^s}+\frac{1}{3^s}+\frac{1}{4^s}+\frac{1}{5^s}+\frac{1}{6^s}\ldots=$$

$$\frac{1}{1-\frac{1}{2^s}}\times\frac{1}{1-\frac{1}{3^s}}\times\frac{1}{1-\frac{1}{5^s}}\times\frac{1}{1-\frac{1}{7^s}}\times\frac{1}{1-\frac{1}{11^s}}\ldots$$

Vous voyez, plus de peur que de mal. En fait, cette formule ne fait que généraliser celle qu'Euler avait gribouillée sur son carnet treize ans plus tôt, en 1735, à Saint-Pétersbourg. À l'époque, l'agile chasseur de nombres s'était contenté d'étudier le cas pour $s = 2$, correspondant au carré des nombres entiers. Mais le résultat général était déjà là, en filigrane. En effet, que remarquez-vous en observant cette nouvelle formule ?

Que tous les nombres entiers (1, 2, 3, 4, 5, etc.) sont à gauche et, aussi étonnant que cela puisse paraître, tous les nombres premiers (2, 3, 5, 7, 11, etc.) à droite !

Ce n'est pas plus compliqué que cela. Mais c'est fabuleux ! Voici cette formule, dans toute la splendeur de ses symboles qui vont vous faire rêver :

$$\sum_{n=1}^{\infty} \frac{1}{n^x} = \prod_{p \text{ prime}} \frac{1}{1-p^{-x}}$$

Cette fois, la cause est entendue : le lien entre la somme des nombres entiers (c'est Euler qui a inventé le signe grec sigma) et le produit des nombres premiers est établi de manière éclatante. Mais plus en profondeur, il s'agit du lien entre la fonction découverte par Euler (qui se trouve dans le membre de gauche) et les nombres premiers (à droite). Un lien qui – cela nous sera confirmé dans la suite – nous met furieusement sur la piste de notre « code ».

Lorsqu'il a découvert cette incroyable formule, Euler n'en a pas fermé l'œil pendant deux nuits ! D'abord, il a cru qu'un tel résultat était impossible, qu'il avait dû se tromper quelque part dans ses calculs. Puis, après en avoir eu le cœur net, il a accouru chez la princesse Frédérique-Charlotte pour tout lui raconter, dans le moindre détail. En effet, il y a de quoi avoir le souffle coupé par ce pont inconcevable entre les entiers et les nombres premiers tant il est extravagant, à la limite de l'impossible. Et les conséquences de cette avancée sont inouïes. En effet, c'est la première fois qu'une formule mathématique décèle l'ombre d'un ordre dans cette famille incroyablement sauvage que sont les nombres premiers.

Pour que vous puissiez vous repérer et, surtout, réaliser toute l'importance de cette suite, nous allons vous révéler à présent le nom que lui a donné le génial Riemann, immense mathématicien et autre héros de notre livre : la « fonction Zêta » !

La fonction Zêta !

Elle range, classe, ordonne les nombres premiers. Mais pas seulement. Vous allez découvrir plus loin que cette fonction est célèbre dans le monde entier. Elle est même considérée aujourd'hui comme la plus importante et la plus mystérieuse de toutes les formules jamais découvertes. Pourquoi ? Parce que l'ordre qu'elle révèle au sein des nombres premiers n'est que le reflet visible d'un « encodage » invisible, qui touche les fondements ultimes de la réalité dans laquelle nous vivons.

À quoi ressemble ce mystérieux encodage ? D'où vient-il ?

8

Un pas de plus vers le code

Après avoir mûrement réfléchi, Euler aligne bien droit la feuille blanche devant lui, respire un bon coup et se relance dans les calculs sans relever la tête. Il est tellement excité qu'emporté par son élan il a cassé net sa plume. Qu'importe ! Il en a d'autres dans son coffret.

Il lui faut coûte que coûte trouver ce que veut dire la précieuse fonction qu'il a découverte et qui a dégagé des ténèbres cette relation, jusqu'alors inconnue, entre les nombres entiers et les nombres premiers. Il doit – c'est son devoir – trouver la signification de tout ça !

Mais comment faire ?

Euler chasse un moustique qui vient de se poser sur son nez. Et il reprend le fil, vaguement contrarié. Car il le sait bien, pour arriver à ses fins, il n'y a pas trente-six solutions. Il lui faut des outils puissants. Très puissants, même. Mais lesquels ? N'oublions pas que nous sommes encore en plein XVIIIe siècle et que ce dont notre savant a besoin pour avancer n'a pas encore été découvert. Qu'à cela ne tienne ! Il va falloir passer en force ! Poussé par une fantastique volonté de savoir, le Mozart des calculs ne se perd jamais complètement dans le labyrinthe des nombres. Et un beau jour, il finit par tomber sur ces trésors du savoir que vous connaissez pour les avoir utilisés presque tous les jours au lycée. Souvenez-vous : les logarithmes (brrr, quel nom !) et les exponentielles. Comme vous allez le voir, ces deux choses nous sont indispensables pour en savoir plus à propos des nombres premiers et du mystérieux message qu'ils dissimulent dans leur course vers l'infini. Mais pas d'inquiétude face à ces mots barbares que sont « logarithmes » et « exponentielles ». Au fond, il n'y a rien de plus simple !

Commençons par les logarithmes. De quoi s'agit-il ? Tout bêtement le nombre de fois qu'il faut multiplier un nombre par lui-même pour en obtenir un autre. Par exemple, prenons le nombre 2. Nous partons de ce nombre et, donc, nous l'appelons « la base ». À présent, multiplions-le *3 fois* par lui-même : 2 × 2 × 2 = 8. Donc, le *logarithme* (de base 2) de 8 n'est autre que 3 ! Nous écrivons en abrégé :

$$\log_2(8) = 3$$

Autre exemple, si nous avions 2 × 2 × 2 × 2 × 2 = 32, alors dans ce cas, le logarithme de 32 est 5, autrement dit : $\log_2(32) = 5$. Ce n'est pas plus compliqué que ça !

À présent, qu'est-ce qu'une exponentielle ? Tout simplement la *réciproque* du logarithme ! Dans notre exemple, nous avons $2 \times 2 \times 2 = 8$. Autrement dit, nous avons multiplié le nombre 2 *trois fois* par lui-même pour obtenir 8. Dans ce cas (toujours en base 2), l'exponentielle de 3 est 8. Ce qui s'écrit : $\exp_2(3) = 8$.

Finalement, dire que $\log_2(8) = 3$ signifie que $\exp_2(3) = 8$. Ceci est bien sûr vrai pour n'importe quel nombre et n'importe quelle base. Par exemple, les mathématiciens utilisent souvent la bonne vieille base décimale 10. Dans ce cas, l'on a :

$$10^2 = 100 \text{ ou encore } \exp_{10}(2) = 100$$
$$\text{donc } \log_{10}(100) = 2$$
$$10^3 = 1\,000 \text{ ou encore } \exp_{10}(3) = 1\,000$$
$$\text{donc } \log_{10}(1\,000) = 3$$

Et ainsi de suite. Voilà, vous savez tout !

*

À présent, faisons un pas de plus dans ce domaine fascinant pour mieux comprendre en quoi il va nous être utile. Quand on parle de « croissance exponentielle », on veut tout simplement dire qu'une quantité grandit dans les mêmes proportions, par exemple double ou triple à chaque seconde. Ainsi, la suite 1, 2, 4, 8, 16, 32, 64, 128, etc. est soumise à une croissance exponentielle. Mais comme vous pouvez le constater, une croissance exponentielle peut être rapide. Ultra-rapide !

Pour saisir le phénomène, prenons une feuille de papier, épaisse d'un dixième de millimètre et plions-la en deux. À chaque pliage, l'épaisseur du papier double, bien sûr. Or à ce rythme, au bout du septième pliage, il est totalement impossible d'aller plus loin et de plier notre feuille une huitième fois. Pourquoi ? Parce que la feuille si mince au départ est maintenant 128 fois plus épaisse qu'avant, autant qu'un livre de 250 pages ! Difficile à croire ? Amusez-vous à faire l'expérience ! Et si vous aviez la possibilité de poursuivre au-delà de sept pliages, vous atteindriez très vite des chiffres vertigineux. 3 000 mètres après seulement 18 pliages. Plus loin que la lune après 42 pliages. Et le fond de l'Univers (plus de 13 milliards d'années-lumière soit 130 mille milliards de milliards de kilomètres) au terme de tout juste 92 pliages, pas un de plus ! C'est dire la force torrentielle de la croissance exponentielle.

À ce stade, il faut que vous puissiez saisir que ce phénomène mathématique se retrouve à votre insu un peu partout dans la nature. Un exemple ? Chaque fois que vous versez le matin votre café dans une tasse, la différence de température entre la tasse (froide au départ) et le café décroît à toute vitesse, en fait de manière exponentielle ! De même, quand vous prenez un avion, la pression atmosphérique derrière le hublot dégringole exponentiellement.

L'éclair de génie d'Euler ? Avoir longuement réfléchi à ce phénomène, jusqu'à lui donner une forme à la fois simple et rigoureuse. C'est lui qui a trouvé le fameux symbole *e* (que vous avez souvent rencontré en classe) pour désigner la base « naturelle », de loin la plus utilisée – nous verrons pourquoi – de la célébrissime « fonction exponentielle », magnifiquement symbolisée par « *e* puissance *x* ». Ou encore l'impressionnant exp(*x*), qui veut simplement dire « exponentielle de *x* ». Ce nombre *e* est une constante (aujourd'hui connue sous le nom de « nombre d'Euler »). Riant sous leurs perruques poudrées de blanc, certains de ses contemporains – parfois piqués de jalousie par ses succès – laissent alors entendre, au détour d'un méchant trait d'esprit dans les salons, qu'Euler a choisi la lettre *e* uniquement parce qu'elle est la première lettre de son nom. Bien entendu, chaque fois que cette « idiotie » (comme il l'appelle) parvient à ses oreilles, il s'en débarrasse d'un haussement d'épaules.

Tout en traçant fièrement sa précieuse lettre *e* – maintenant, il y tient – sur son cahier, Euler se souvient quand même que cette merveilleuse constante a déjà été identifiée la toute première fois en 1690, dans une lettre que le génial Leibniz (toujours à l'affût de tout) a envoyée à l'astronome néerlandais Christian Huyghens. Peut-être ! Mais qu'importe ! Pour lui, Leibniz n'avait fait qu'entrevoir la portée de « sa » constante. Celle-ci vaut 2,718 281 puis, derrière, un interminable flot de décimales qui se succèdent à l'infini, sans jamais se répéter. Ce nombre est l'une des grandes constantes de la nature. De ce point de vue, Leibniz (pas plus qu'Euler) ne l'a pas calculée, il l'a *découverte* ! D'où vient-elle ? Pourquoi cette valeur ?

Préparez-vous à un nouveau pas en avant.

*

En effet, ce nombre pur, avec la valeur qu'il a (et pas une autre) ne surgit pas au hasard. Il est infiniment précis (puisque, comme Pi, il contient une infinité de décimales derrière la virgule) et, étrangement, il résulte d'une source qui se trouve – une fois de plus – cachée dans la nature. Autrement dit, au fond de l'Univers ! Et même, d'une certaine façon, au-delà de l'Univers matériel. Par quel prodige ? Pour comprendre, revenons à la fonction exponentielle. Comme toute fonction, celle-ci peut être représentée par une courbe. Tracez-la sur une feuille de papier et vous verrez que plus la courbe s'élève, plus elle se dresse vers la verticale. Or, la fonction « *e* puissance *x* » (ou encore 2,718 puissance *x*) est la seule courbe au monde dont la hauteur et l'inclinaison sont toujours rigoureusement égales, quelle que soit la valeur de *x* ! Lorsque la hauteur vaut 1, l'inclinaison vaut également 1. Lorsque la hauteur atteint 2, l'inclinaison atteint également 2, et ainsi de suite. En somme, il s'agit d'une sorte de courbe idéale, baptisée par certains « courbe d'or ». Elle donne une image sur une feuille de papier ou sur un écran de la croissance la plus *pure* possible. On la retrouve dans des domaines aussi inattendus que l'expansion du trafic sur Internet, la courbe d'un collier autour du cou, le développement d'une réaction nucléaire en chaîne ou encore la croissance des feuilles de nénuphar à la surface d'un étang.

Or il se passe ici quelque chose de stupéfiant, qui a fait dresser les cheveux sur la tête d'Euler au moment où il a fait cette extravagante découverte : ce nombre enfoui dans les profondeurs de la matière, qui décrit les grandes évolutions au sein de la nature, résulte d'un calcul à partir de nombres entiers. Ce qui a fait dire à Euler, frappé par l'origine de cette constante : « C'est un peu comme si la nature l'avait calculée[1]. » De fait, cet étonnant « calcul » est le suivant :

$$e = 1 + 1/2 + 1/(2 \times 3) + 1/(2 \times 3 \times 4) + 1/(2 \times 3 \times 4 \times 5) +, \text{etc.}$$

Le magnifique nombre d'Euler – à présent, il l'appelle comme ça, sans se poser davantage de questions – résulte donc d'une somme infinie où l'on retrouve le produit de nombres entiers, autrement dit, une fois de plus, les nombres premiers (à partir desquels sont fabriqués les nombres entiers...). Des nombres premiers qui servent de briques sur lesquelles vont s'appuyer les courbes les plus pures, les plus parfaites de l'évolution dans l'Univers, à notre échelle visible mais aussi dans

1. *Commentationes algebraicae ad theoriam combinationum et probabilitatum pertinentes*, Birkhäuser, 1923.

l'invisible, dans l'infiniment petit comme dans l'infiniment grand.

Mais d'où vient ce calcul à la fois si simple et si parfaitement ajusté ? Si « équilibré » dans sa course vers l'infini ? En le contemplant, silencieux face à sa feuille de papier, Euler ne peut s'empêcher de ressentir jusqu'au fond de lui-même qu'il n'est pour rien dans ce nombre. Il ne l'a pas inventé. Il n'a fait que le découvrir, au prix d'un immense effort. Mais alors : s'il était *déjà là*, depuis toujours, d'où vient ce nombre si fondamental, dont dépendent tant de choses ? Qui – ou quoi – donc l'a écrit ?

*

Si nous avons à ce point insisté sur ce nombre pur, c'est qu'il s'agit de l'une des grandes constantes de l'Univers, avec Pi, le nombre d'or et quelques autres. Signe de cette importance cruciale, Google a rendu un hommage éclatant à la constante d'Euler en faisant une levée de fonds non pas, comme d'habitude, d'un chiffre rond mais, au contraire, d'une valeur de 2,718 281 828 milliards de dollars, ce qui représente *e* milliards de dollars ! Comme en écho, le mathématicien anglais Alex Bellos, conservateur du musée des Sciences de Londres, a lancé joyeusement : « Lorsqu'une équation comporte un *e*, c'est le signe d'un bourgeon de croissance exponentielle, d'une floraison, un signe de vie[1]. »

1. Alex Bellos, *Alex et la magie des nombres*, Robert Laffont, 2015.

Pour autant, est-ce que cette mystérieuse constante pourrait faire partie du fameux code que nous cherchons ? C'est là que les choses se corsent. Car la réponse est oui : contre toute attente, cette constante universelle a un lien avec ce mystérieux « code » qu'il est impossible de voir en totalité mais dont nous cherchons les traces. Plus précisément, le nombre d'Euler a une relation étroite avec les nombres premiers, ce à travers la fonction Zêta. Pourquoi ? Parce que cette fonction tellement étrange peut aussi s'écrire sous une forme dite « exponentielle » qui fait intervenir de manière centrale la constante *e* (ainsi, d'ailleurs, que les logarithmes...). Nous la retrouverons donc plus loin – avec stupéfaction – dans notre livre. Et la réponse qu'elle va nous apporter a de quoi chambouler de fond en comble tout ce en quoi nous croyons.

En attendant, revenons à Euler. En ce milieu du XVIIIe siècle, il est dans une forme extraordinaire. Jamais il n'a été aussi prolifique. Il écrit à présent presque un article par semaine. Mais dans cette période de grâce intellectuelle, sa grande force, on vient de le voir, a consisté à se servir de ces puissants instruments – le calcul exponentiel et son compagnon, le calcul logarithmique – pour cheminer sans l'aide de personne, dans l'interminable défilé des nombres, de plus en plus loin, jusqu'à l'infini.

Et c'est là, au bord du gouffre, qu'il va faire la découverte de sa vie. Celle qu'il va publier en 1748 sous ce titre si évocateur *Introductio in analysin infinitorum* et qui va assurer sa gloire pour toujours.

*

De quoi est-il question ? De la célèbre « identité » d'Euler, considérée aujourd'hui (notamment à la suite d'un vote en 2004) comme « la plus belle équation de tous les temps[1] ». Assurément, elle nous dit quelque chose du code de l'Univers. En la présentant à ses élèves de Harvard, le philosophe et mathématicien Benjamin Peirce, saisi d'émotion, a lancé au XIXe siècle : « On ne peut pas la comprendre, on ignore ce qu'elle signifie, mais nous l'avons prouvée, et ainsi nous savons que ce doit être vrai[2]. » Tout aussi bouleversé, le grand Richard Feynman s'est écrié : « Notre joyau ! », tandis que pour le mathématicien américain Paul Nahin, elle n'est autre que « l'étalon-or de la beauté mathématique ». Il est vrai que cette célèbre identité tient du miracle : d'une simplicité biblique, elle relie les cinq constantes fondamentales de la nature : π, 1, 0, la constante *e* (mais oui ! la fameuse « constante d'Euler ») et le nombre imaginaire *i* (dont le carré est égal à −1). Tout cela dessine un lien déconcertant et d'une incroyable profondeur entre les nombres et la nature, un lien dont on sent qu'il touche à l'un des secrets les mieux gardés de tout l'Univers. Aux anges, le mathé-

1. Paul Nahin, *Dr. Euler's Fabulous Formula*, Princeton University Press, 2006.

2. Eli Maor, *e : The Story of a Number*, Princeton University Press, 1998.

maticien Keith Devlin, de l'université Stanford, a clamé sans sourciller : « L'équation d'Euler descend dans les profondeurs mêmes de l'existence[1]. »

Et dans celles de l'Univers. Mais que nous dit-elle au juste ? Quelque chose de totalement inattendu, qui a fait tomber plus d'un mathématicien de sa chaise : la constante d'Euler, élevée à la puissance $i.\pi$ plus 1 égale... zéro !

Lorsque, en 1748, Euler a mis en lumière cette étonnante relation, il accuse le coup : « C'est le langage du créateur », lance-t-il. Avec déjà plus de deux cents articles à son actif, il est pourtant difficile à impressionner. N'empêche ! Cette identité presque « surnaturelle » lui donne l'espoir de déchiffrer ce qu'il appelle l'« écriture » de la nature : « Bien que nous ne soyons pas autorisés à pénétrer dans les mystères intimes de la nature et à découvrir la véritable cause des phénomènes, il arrive parfois qu'une hypothèse particulière suffise à expliquer de nombreux phénomènes[2]. » Serait-ce le cas pour la célèbre identité ? C'est ce que croient dur comme fer des centaines de savants. Parmi eux, Heinrich Hertz, le célèbre « père » des ondes hertziennes, n'a pas hésité à déclarer : « L'on ne peut s'empêcher de penser que les formules de ce genre ont une existence indépendante et une “intelligence” qui leur est propre. »

---

1. *Ibid.*
2. Leonhard Euler, *Introduction to Analysis of the Infinite*, Springer, 1988.

Euler est pratiquement devenu aveugle durant les dix-sept dernières années de sa vie, mais ses facultés sont restées plus fulgurantes que jamais. Le célèbre Arago dira de lui : « Il calculait sans le moindre effort apparent, juste comme on respire, ou encore comme un aigle vole dans le ciel[1]. » De fait, les choses vont si vite dans sa tête qu'il a à peine posé à voix haute un problème que, déjà, il tient la solution ! Il est vrai que sa mémoire est phénoménale : à vingt ans, il était capable de réciter par cœur l'*Énéide*. Et un demi-siècle plus tard, alors qu'il a allègrement passé le cap des soixante-dix ans, il suffit qu'on lui lance au hasard l'un des vers de Virgile pour qu'il récite la page entière, sans la moindre erreur !

Mais le plus étonnant est à venir. Lors de la dernière étape de la longue ascension d'Euler vers l'infini des nombres, nous allons croiser de loin le mystérieux code qui circule sous la face cachée de l'Univers.

*

Décidément, tout réussit à Euler en cette année 1748. C'est pourquoi il veut profiter de sa forme. Saisir sa chance. Car il lui reste le plus important à faire. Percer enfin, une fois pour toutes, le secret de ces fabuleux nombres premiers. Trouver l'ordre si imprévisible auquel ils obéissent. Ou plutôt, auquel ils font obéir tous

1. *François Arago*, présentation de Monique Sicard, Actes Sud, 2012.

les autres nombres. Et derrière eux, tout ce qui existe dans la nature. Dans l'Univers.

Un ordre ?

Peut-être bien. Mais lequel ? Les années passent. Euler fait du surplace. Il a beau calculer du matin au soir, couvrir des centaines de feuilles de formules, s'arracher les cheveux, rien à faire ! Indomptables, imprévisibles, ces êtres numériques, décidément pas comme les autres, ne se laissent enfermer dans aucune des formules proposées par Euler. Et, de guerre lasse, après des milliers de pages de calculs inutiles, il finit par écrire dans l'une des marges épargnées par ses calculs : « Jusqu'ici, les mathématiciens ont essayé en vain de découvrir un ordre quelconque dans la suite des nombres premiers et nous avons des raisons de penser qu'il s'agit d'un mystère au sein duquel l'esprit humain ne pourra jamais pénétrer[1]. »

Pourtant, avec sa fantastique fonction Zêta, Euler a ouvert une voie vers ce mystère. Une voie qui ne se refermera pas. Pour l'explorer, le flambeau va passer à une nouvelle génération. Avec elle, nous allons faire un nouveau pas vers le code invisible sur lequel repose l'Univers.

---

1. M.B.W. Tent, *Leonhard Euler and the Bernoullis : Mathematicians from Basel*, A. K. Peters Press, 2009.

9

Le maître et le disciple

Cent ans se sont écoulés depuis les fracassantes découvertes d'Euler. Nous voici en 1848, dans une petite ville tranquille de la Basse-Saxe, en Allemagne. Nous allons y rencontrer un jeune homme dissimulé derrière sa barbe et qui, à cette époque lointaine, est encore bien loin de se douter qu'il va bouleverser le monde pour toujours. Et nous mettre une nouvelle fois sur la piste d'une sorte de « code » susceptible d'expliquer l'Univers tout entier – et, finalement, de donner du sens à la vie.

*

L'été 1848 est chaud. Un peu partout en Europe éclatent cette année-là des foyers révolutionnaires qui font voler en éclats les frontières du vieux monde, mettant à feu et à sang certains des bastions les mieux protégés de l'époque. Mais quelques îlots sont épargnés. Parmi ceux-là, blottie entre deux collines, se trouve la petite ville médiévale de Göttingen, dans le royaume de

Hanovre. Au-delà des remparts, la campagne est déserte. Des océans de blé jaune se creusent en vagues sèches sous le vent, annonçant une belle récolte pour septembre. Bien à l'abri derrière les murailles de l'université déjà légendaire, professeurs et étudiants, fièrement campés dans leurs uniformes à boutons dorés, y coulent des jours tranquilles, loin des orages qui secouent le reste du monde.

Or c'est là que nous allons rencontrer notre premier héros, un grand garçon au teint pâle, dont la timidité maladive l'accule souvent à des gestes maladroits et hésitants. Son nom ? Il est aujourd'hui devenu mythique : Bernhard Riemann.

Riemann !

Qui donc, en 1848, pourrait deviner qu'à lui seul il va accomplir bien plus de révolutions à coups de crayon que ses contemporains sur les barricades à coups de fusil ? Qui, parmi ses camarades, pourrait croire que ce jeune garçon caché par ses lunettes sera un jour l'un des premiers à trouver un fragment du code mathématique sur lequel repose l'Univers ? Mais nous n'en sommes pas encore là. En cette année 1848, Riemann a une vingtaine d'années et n'est qu'un étudiant sans un sou en poche. Mais il est bourré d'idées et calcule plus vite que tout le monde. Son père l'a placé à Göttingen pour étudier la théologie. Cependant Riemann a une autre idée en tête. Ce qui l'attire de plus en plus, c'est le jeu infini auquel on peut se livrer avec les nombres. Il ne manquerait pour rien au monde les cours de Moritz Stern, l'un des plus brillants élèves du déjà légendaire Carl Friedrich Gauss, considéré comme le meilleur mathématicien de son temps. Car déjà, le jeune Riemann a une obsession : percer, comme il le murmure parfois à voix basse, « le secret du monde ». Mais comment faire ? Il le sait, pour y parvenir, il n'y a qu'un seul moyen : savoir utiliser cette clef toute-puissante que sont les mathématiques. Le moment est donc venu pour lui de prendre une décision. Une vraie. Après avoir mûrement réfléchi, il s'est résigné à envoyer à son père (un austère pasteur luthérien) une lettre dans laquelle il lui apprend qu'il ne le suivra pas dans les ordres et n'enfilera jamais la soutane. Non. Il sera mathématicien. Un point c'est tout !

*

Le lendemain matin, tout ragaillardi par sa décision de la veille, Riemann saute de son lit à pieds joints. Il a le cœur léger. Sans même prendre le temps d'avaler son café, il file au secrétariat de l'université pour remplir les précieux formulaires d'inscription en thèse de doctorat. Et l'étudiant vise haut. Très haut même. Pour directeur de thèse, il ne veut personne d'autre que Gauss lui-même !

Une légende vivante ! Son seul nom fait trembler le monde entier, tant sont redoutées ses critiques sans pitié lorsqu'il détecte la moindre erreur ou la plus petite imprécision dans un raisonnement. Mais Riemann ne tremble pas devant le maître de Göttingen. Avec un aplomb inébranlable, il déroule ses idées. Après un long silence, Gauss se lève et, toujours sans un mot, signe le bulletin d'inscription. Puis il ouvre grand la porte de son bureau. Incline la tête. L'«entretien» est terminé.

Une fois à l'air libre, à la fois ébloui par le soleil et par ce qui vient de se passer, Riemann prend toute la mesure de son exploit. Et de son inestimable privilège. Car ce n'est pas pour rien que Gauss a été surnommé aux quatre coins de l'Europe le «Prince des mathématiques». Ou encore, «le plus grand mathématicien depuis l'Antiquité».

Gauss est un génie.

Et le chemin qu'il va éclairer pour nous dans les pages qui suivent va nous entraîner loin à la recherche du code secret de l'Univers. Très loin.

10

Sur la route du miracle

L'entrée dans la vie de Carl Friedrich Gauss ne s'est pas très bien passée.

Il est né en 1777, dans une chaumière nichée entre deux arbres, dans les bas-fonds du duché de Brunswick. Son père, descendant d'une famille de paysans pauvres, vit au jour le jour de petits métiers et ne parle qu'un mauvais patois qui n'a qu'un rapport lointain avec l'allemand. Quant à sa mère, elle est totalement illettrée et ne connaît pas la date de naissance exacte de son fils. L'ordinaire est maigre chez les Gauss et, bien souvent, la famille doit se contenter de radis noirs en guise de dîner. Mais un malheur chasse l'autre. Encore tout petit, le bambin est tombé dans le canal qui passe devant la maison et a failli couler à pic. Heureusement, Gauss n'a pas le profil d'un noyé, loin de là. À trois ans, il a appris tout seul à lire, à écrire et surtout à compter. Bientôt, devant ses parents médusés, il aligne les multiplications et les divisions. Puis, au fil des semaines, il gribouille sur son carnet des opérations de plus en plus incompréhensibles pour ceux qui ont le malheur de jeter un coup d'œil par-dessus son épaule. Le père cale devant ses comptes ? Pas d'affolement ! Le fils vole aussitôt à son secours et refait les calculs en un clin d'œil. Un voisin bute sur un problème de comptabilité ? Le petit Carl est là pour tout arranger. À quatre ans, fatigué de ne pas savoir quel jour il est né, il se lance dans un calcul et court annoncer lui-même la nouvelle à sa maman : il a vu le jour le 30 avril 1777, un mercredi.

À sept ans, il fait son entrée à l'école Sainte-Catherine de Brunswick. Il ne va pas y rester longtemps dans l'ombre. L'instituteur, Herr Büttner, raide dans sa blouse grise, mène son petit monde à la trique. Il donne ses cours un fouet à la main – *à l'allemande*. Son plus grand plaisir est de rôder entre les pupitres en donnant des petits coups secs sur le plat de sa main, comme pour rappeler qu'il peut frapper à tout instant. Mais tout va bien. Les parents apprécient qu'il distribue plus vite les coups que les bons points. Un jour où il est de bonne humeur, il pose son fouet et demande à ses élèves de calculer la somme des chiffres de 1 à 100. Croyant avoir la paix pour deux bonnes heures, il se plonge alors dans la comptabilité de l'école. Mais c'était sans compter sur le petit Carl. En quelques minutes, le galopin le tire par la manche et lui tend un papier sur lequel est griffonnée la solution : 5 050. Herr Büttner est estomaqué. Comment ce garnement a-t-il fait pour trouver si vite – et forcément de tête – le résultat ? Du haut de ses sept ans, le petit Gauss dissipe tout doute de tricherie : il lui a suffi de créer 50 paires de somme 101, soit 100 + 1, 99 + 2, 98 + 3, etc. Le résultat tombe tout seul : 50 × 101 donne 5 050. S'essuyant le front à l'aide d'un mouchoir, Herr Büttner extirpe un traité d'arithmétique de son tiroir, en fait cadeau à Gauss et écrit une lettre à ses parents. Le soir même, Carl Friedrich est dispensé de filer du lin.

Avec de tels exploits, sa réputation ne fait que croître d'un jour à l'autre et arrive jusqu'aux oreilles du duc, curieux de connaître « le petit génie du duché » En 1791, il n'a que quatorze ans mais le voilà introduit en grande pompe à la Cour. Très vite, le duc, impressionnant dans son costume d'apparat, se rend compte à qui il a affaire. Sous le charme du prodige, il signe une bourse de soutien qui l'expédie tout droit à l'université technique Carolo-Wilhelmina de Brunswick. À partir de là, tout change pour Gauss. Il grimpe quatre à quatre les marches du savoir. Troque le patois du duché contre l'allemand officiel. Lit chaque nuit au fond de son lit, à la lueur d'une lanterne, les œuvres de Legendre, de Fermat et surtout d'Euler. S'enchante des textes en latin de Cicéron et en français de Rousseau.

Et c'est là que se produit le premier miracle.

*

Gauss a tout juste quinze ans. Mais il a un immense avantage sur tous ceux de sa génération : il a déjà lu la plupart des grands textes mathématiques et, en particulier, connaît les écrits d'Euler sur le bout des doigts. Sans doute, de génie à génie, se fait-on parfois signe dans la nuit des temps. Et dans le travail d'Euler, ce qui l'attire irrésistiblement, sans qu'il sache trop pourquoi, c'est le mystère des nombres premiers.

Toujours les nombres premiers !

S'ils font leur retour sur le devant de la scène avec un adolescent de quinze ans, c'est que décidément quelque chose de crucial se tient derrière eux. Quelque chose qui, contrairement à ce que nous pourrions penser à première vue, est en relation avec ce qu'il y a de plus profond dans l'Univers. Carl les a découverts avec émerveillement alors qu'il n'était encore qu'un garçonnet en culottes courtes. Plutôt que de jouer à cache-cache avec ses camarades, il préférait de loin débusquer les nombres premiers dans la forêt des nombres. Et, au fil des années, sa fascination n'a cessé de grandir, à tel point que Marcus du Sautoy a écrit à son sujet, dans son livre opportunément sous-titré « Face au plus grand mystère des mathématiques » : « Pour Gauss, les joyaux de la Couronne étaient les nombres premiers, ces nombres qui avaient fasciné et défié des générations de mathématiciens[1]. »

Après Euler, alors qu'il n'est encore qu'un adolescent de quinze ans à peine, Gauss est donc envoûté par les nombres premiers. Captivé par leur insondable mystère. Le soir, à la chandelle, la tête enfiévrée, il lit et relit ce

1. Marcus du Sautoy, *The Music of the Primes : Searching to Solve the Greatest Mystery in Mathematics*, Harper Collins, 2003.

qu'Euler, découragé, perdu dans la ronde infernale des nombres premiers, a écrit : « Jusqu'ici, les mathématiciens ont essayé en vain de découvrir un ordre quelconque dans la suite des nombres premiers et nous avons des raisons de penser qu'il s'agit d'un mystère au sein duquel l'esprit humain ne pourra jamais pénétrer[1]. »

Jusqu'ici !

Le jeune garçon serre les mâchoires. L'esprit humain va-t-il vraiment caler devant les nombres premiers ? Impossible de rester les bras ballants devant un tel défi. Pour lui, compte tenu de tout ce qu'il a lu, il est impensable que le défilé des nombres premiers se fasse au hasard, au cœur d'un inextricable chaos numérique. Il secoue la tête. Il y a forcément « quelque chose » comme un ordre dans ce défilé. Et si lui, Gauss, réussissait à percer le secret ? À trouver l'ordre invisible, profondément mystérieux, qui gouverne la marche des nombres premiers et, à partir de là, la marche de l'Univers ?

Pour atteindre ce but, Gauss s'est mis en tête de trouver combien il peut exister de nombres premiers entre 0 et un nombre quelconque très grand. Sans perdre une minute, il laisse tomber sa veste et se met au travail, plume à la main. Ce grand chasseur de nombres premiers qu'est Marcus du Sautoy décrit avec précision – et un rien d'émotion – ce moment unique : « Armé de sa table des nombres premiers, Gauss a commencé sa longue quête. Comme il cherchait à voir quelle était

1. *Ibid.*

la proportion des nombres qui étaient premiers, il a trouvé que lorsqu'il poussait ses calculs de plus en plus loin vers l'infini, une sorte de "forme" commençait à se faire jour. En dépit du surgissement aléatoire de ces nombres, une stupéfiante régularité semblait lentement émerger du brouillard[1]. »

Une stupéfiante régularité ! Mais laquelle ? Pendant des heures, des jours et des semaines, les formules courent sur le papier, s'entassent sur la table. Finissent au panier. Pendant des mois, le jeune étudiant laisse son génie mettre le feu aux calculs. Explorer au pas de course ces ombres numériques et fuyantes où se cachent tant d'énigmes. Bien sûr, avec la redoutable énergie de ses quinze ans, il arrache de force les équations à l'invisible l'une après l'autre, avec une énergie indomptable, calcule en mangeant. Et même en dormant.

Et par un grand matin de l'été 1792 – alors que l'acier révolutionnaire se prépare à trancher les têtes à l'aube de la Terreur en France –, le gamin griffonne une formule sur la marge de sa précieuse table de logarithmes et pousse un cri de joie qui s'échappe par la fenêtre ouverte.

Il a trouvé !

Quoi donc ? Une clef. Laquelle ? C'est ce que nous allons voir dans les prochaines pages.

---

1. *Ibid.*

11

La grande formule

La formule est là, sous ses yeux. Pure. Rayonnante de vérité. Pour pouvoir l'écrire, Gauss est allé pêcher une nouvelle fois l'inspiration du côté d'Euler, en extirpant de ses livres ces outils magiques que sont les logarithmes. Il en résulte sur une ligne une formule étonnamment simple mais puissante, que vous pouvez lire ainsi : prenez un nombre entier *n* très grand (autrement dit, qui tend vers l'infini), la quantité de nombres premiers entre 0 et *n* est équivalente à *n* divisé par le logarithme naturel de *n*. C'est tout !

En contemplant sa formule, l'adolescent n'en croit pas ses yeux. Bien sûr, ce n'est encore qu'une conjecture, une idée fulgurante qui, il le sait, n'est pas démontrée de manière rigoureuse. Ça le tracasse tout de même. Mais au diable la démonstration ! Car, face à sa formule, Gauss a réalisé autre chose : il est dans le vrai. Sa formule ne peut pas être fausse !

Pourtant, l'écrire est une chose, mais parvenir à la démontrer est une autre paire de manches. La tâche est horriblement compliquée et pendant des dizaines d'années, d'innombrables mathématiciens – Gauss en tête – se cassent les dents sur la fameuse formule. Des efforts colossaux sont déployés dans le monde entier, en pure perte ! Dure comme une porte blindée, la formule résiste, malgré sa désarmante simplicité. En fait, il faudra attendre plus d'un siècle – cent quatre ans exactement – avant qu'elle ne soit enfin démontrée en 1896, par ce premier de la classe qu'était Jacques Hadamard (reçu premier à l'École polytechnique et premier aussi à l'École normale supérieure) et la même année par Charles de La Vallée-Poussin, un baron belge anobli en 1930 par le roi Albert Ier de Belgique, l'un des professeurs en mathématiques de l'abbé Lemaître et membre de la très sereine Académie pontificale des sciences. L'exploit a nécessité l'utilisation d'outils puissants mais de prise en main difficile, issus de ce qu'on appelle l'analyse complexe. Toujours est-il que le saisissant résultat du jeune Gauss s'est répandu comme une traînée de poudre et est connu aujourd'hui sous le nom de « théorème des nombres premiers ».

*

Faisons ici une halte sur notre route vers ce possible code qui pourrait – peut-être – expliquer le comment et le pourquoi de l'Univers. Que nous apprend au juste la formule de Gauss ? Ou plutôt, qu'a ressenti Gauss au moment où il l'a découverte ? Avant tout, que les nombres premiers sont les briques fondamentales, non seulement de tous les nombres mais, bien au-delà, de toute la matière et, finalement, de *tout l'Univers*. Mais pourquoi ? Avant tout, parce que la fameuse formule débouche sur un indice selon lequel l'interminable file des nombres premiers, en dépit des apparences, reflète un ordre. Pour la première fois, on ne peut donc plus tout à fait affirmer que ces nombres étranges font irruption au hasard. Le génial adolescent a mis en évidence un début de quelque chose qui ressemble à une loi.

Une loi !

Mais laquelle ? Tout comme Euler plus d'un demi-siècle avant lui, Gauss tourne et retourne la question dans sa tête. Et bute contre un mur opaque. Impossible de voir à travers ce mur. De comprendre à quel ordre obéissent ces nombres sauvages ! Tout ce qu'il sait, c'est qu'ils deviennent de plus en plus grands – ce qui est logique –, mais aussi de plus en plus rares à mesure que l'on file vers l'infini. La distance entre eux ne cesse de s'allonger. Comme si le secret de leur encodage se trouvait dans d'insondables profondeurs. À l'infini.

Un soir, plus perdu que jamais, Gauss a une idée.

Peut-être que pour accéder au sommet et percer le secret, il faut passer par la face nord de la montagne. Faire comme Euler. Ne pas se contenter d'utiliser les nombres réels mais prendre appui sur une famille numérique plus puissante : les nombres *complexes*. Les nombres complexes ? Souvenez-vous : ce sont tout bêtement des nombres qui ont une composante réelle (1, 2,

6, etc.) et une composante imaginaire pure (notée *3i, 5i*, etc., *i* étant le symbole des nombres *imaginaires*). D'un claquement de doigts, Gauss trouve alors la meilleure façon de désigner ces fameux nombres complexes : *a + ib*. Et il le sent, ils vont faire merveille. L'aider à comprendre ce qui se cache derrière l'immense mystère des nombres. Et tout particulièrement des nombres premiers. Mais alors qu'il inscrit la magnifique formule sur son carnet, une nouvelle idée le traverse comme un éclair. Tout se tient ! Les nombres complexes ne serviront pas seulement à percer le secret des nombres premiers. Non. Le jeune homme a la sourde intuition que sa formule a aussi quelque chose à voir avec le monde physique. Avec la matière. Et, entre autres, avec la matière primordiale, il y a très longtemps, au moment de la création.

Gauss en est là de ses pensées lorsqu'il décide de les pousser plus loin. D'en étudier toutes les facettes. D'en comprendre toutes les conséquences. Pour cela, il va s'inscrire en 1795 à l'université de Göttingen – toujours elle – et passer trois longues années sous les voûtes blanches de l'immense bibliothèque, croulant sous les livres, avide d'approfondir ses connaissances de l'analyse complexe. Et un beau matin, le voilà fin prêt pour se lancer dans une thèse de doctorat. Ne reculant devant rien, il a décidé de se servir de sa puissante formule complexe – il est un des seuls à savoir la manier – pour venir à bout de l'un des plus redoutables problèmes de l'époque : le théorème fondamental de l'algèbre.

L'appétit d'ogre du jeune homme ne passe pas inaperçu et, à l'automne 1798, le vieux duc de Brunswick fait signe à son protégé. Qu'attend-il de lui ? Qu'il revienne au pays, autrement dit au duché, pour y poursuivre ses travaux. Pendant toute la nuit, Gauss se tourne et se retourne dans son lit sans pouvoir fermer l'œil. Il adore Göttingen et rêvait d'y passer sa thèse. Mais comment refuser à celui à qui il doit tout ? Le lendemain matin, il jette son baluchon sur l'épaule et, le cœur serré, tourne le dos à Göttingen. Et quelques jours plus tard, le voilà inscrit à l'université de Helmstedt (l'un des joyaux du duché) sous la direction de Johann Pfaff (l'inoubliable auteur du fameux « pfaffien » qui fait aujourd'hui les délices des algébristes). Il soutient brillamment sa thèse – sur le théorème fondamental, bien sûr – la dernière année du XVIIIe siècle, en août 1799. Il s'apprête alors à franchir une nouvelle étape dans sa fantastique exploration des nombres premiers.

*

Nous voici en 1801. Une année de grâce pour Gauss. Celle où – assorti d'un émouvant hommage au duc de Brunswick – il publie son premier ouvrage, *Disquisitiones Arithmeticae*. Qu'allons-nous y trouver ? Deux résultats qui, l'un comme l'autre, font une fois de plus vaciller l'idée que les nombres premiers pourraient être distribués au hasard. Tout d'abord, si vous avez un jour la chance d'ouvrir ce merveilleux livre (considéré aujourd'hui comme l'un des plus importants de toute l'histoire des sciences), vous pourrez y lire dans le plus pur latin ce titre à donner la chair de poule : « Loi de réciprocité quadratique ». Pas d'affolement ! Cette loi établit simplement un lien solide – et totalement inattendu – entre les nombres premiers. C'est la première fois que quelqu'un ose parler de loi – et donc d'un ordre – dans le monde à première vue totalement sauvage des nombres premiers. En tout cas, cette loi est considérée aujourd'hui comme l'une des découvertes les plus importantes de la théorie des nombres.

Mais ce n'est pas tout. Rendons-nous à présent au paragraphe 16. Nous allons y trouver une nouvelle clef pour ouvrir, après Euler, un autre passage vers le fascinant secret des nombres premiers. Et, plus loin encore, vers le secret du monde. Cette clef porte un nom à sa mesure : le « théorème fondamental de l'arithmétique ». Un théorème qui, jusqu'à Gauss, a fait trembler le monde entier. Face à la terrifiante montagne, Gauss lui-même a hésité. A même failli reculer. Mais il a fini par se mettre en marche.

Que nous dit donc ce théorème, l'un des plus décisifs de toute l'arithmétique ? Quelque chose d'extraordinaire, dont nous avons déjà parlé : un nombre entier (sauf, bien sûr, s'il est premier) peut se décomposer en un produit de nombres premiers. Et comble de l'inexplicable, ce produit est *unique* ! Par exemple, 1 200 est égal à 16 x 75, ce qui se décompose en un produit unique des nombres premiers que voici : $2^4 \times 3^1 \times 5^2$. Plusieurs fois, Gauss a été saisi par une sorte de vertige en prenant conscience qu'il existe une seule manière dans l'Univers de décomposer un nombre entier en un produit de nombres premiers. En grande forme depuis qu'il a passé sa thèse, ses chers outils mathématiques bien rangés dans son carnet, Gauss s'est mis en tête de révéler clairement à tous – même à ceux qui ne connaissent pas les mathématiques – ce prodige numérique. En chemin, il va utiliser son redoutable savoir-faire et découvrir une nouvelle classe de nombres premiers (auxquels il donne son nom) : les « nombres premiers de Gauss », de la forme $a + ib$, c'est-à-dire *complexes*. C'est grâce à eux que Gauss parvient à ses fins : mettre un peu d'ordre au sein des nombres premiers. Entre-temps, passionné par les sciences de l'Univers, il se taille une solide réputation d'un bout à l'autre de l'Europe en découvrant par le seul calcul l'orbite du planétoïde Cérès. Dans la foulée, sur la recommandation de Heinrich Olbers (l'un des lointains précurseurs de la théorie du Big Bang), il est nommé en 1807 directeur de l'observatoire de Göttingen. À première vue, rien ne manque à son bonheur.

À première vue seulement. Car, vers 1850, alors que cela fait bientôt un demi-siècle qu'il est à la tête de l'observatoire et que désormais le monde entier le couvre de gloire, il réalise qu'il lui manque quelque chose. Une chose absolument essentielle, presque autant que l'air qu'il respire. Cette chose, c'est le secret des nombres premiers. Inutile de se raconter des histoires ! On a beau associer son nom à ces fameux nombres dans les conférences comme dans les livres, il sait, lui, que finalement, il ne connaît presque rien à leur sujet. Comment se répartissent-ils dans le fleuve infini des nombres ? Mystère. Quel lien invisible peut-il donc exister entre ces nombres « atomiques » et la réalité physique ? Celle qu'il observe dans son télescope ? Ou bien dans l'intimité de la matière ? Là encore, mystère.

Pour aller plus loin, pour relever le défi, Gauss sait qu'il doit passer la main. Mais tout n'est pas perdu. Car il a placé ses espoirs dans l'un de ses élèves, de loin le plus brillant.

Une fois de plus, le flambeau va être transmis à une nouvelle génération.

12

Face à l'ordre mathématique

Ce matin-là, le soleil brille déjà haut à Göttingen et Riemann respire un grand coup l'air rafraîchi par les odeurs de foin coupé. Ce petit vent venu de loin, peut-être de l'Italie qu'il adore, lui fait du bien. Il vient de quitter l'observatoire de l'université où il a passé une partie de la nuit. Pour y faire quoi ? L'œil rivé à la grande lunette astronomique, il est resté de longues heures à observer la Voie lactée avec le directeur de l'observatoire qui n'est autre que son directeur de thèse : Friedrich Gauss. À grandes enjambées, il traverse le parc, avec une pensée pour tous les grands esprits qui ont fait le même chemin avant lui. Une fois revenu dans sa chambre, il tente de mettre un peu d'ordre dans tout ce qu'il a entendu la veille. Pas facile. Car le génie phosphorescent de Gauss le pousse sans cesse un peu plus au bord des questions ultimes. En particulier celles-ci : quels sont les éléments primordiaux sur lesquels repose notre réalité ? De quoi est donc faite la matière qui compose l'Univers ? Des questions trop vastes pour qu'il puisse y répondre tout de suite. Mais qui lui reviennent nuit et jour et le poussent toujours plus loin sur le chemin d'un principe fondamental et immatériel pouvant expliquer l'Univers, quelque chose que nous appelons ici le « code secret ».

La première halte sur ce chemin semé de fantastiques découvertes a lieu le 16 décembre 1851, en plein hiver. La neige tombe à gros flocons derrière les carreaux glacés de la sévère salle des Actes. Le jeune Riemann, la gorge à l'étroit dans son col cassé, y soutient – en latin d'un bout à l'autre – sa thèse de doctorat (la fameuse *Inauguraldissertation*) où il fait un premier pas – en fait un pas de géant – en direction des stupéfiants pouvoirs de ce qu'on appelle les « nombres imaginaires ». Au passage, vous vous demandez sans doute ce qu'est un « nombre imaginaire ». En fait, c'est tout simple : il s'agit d'un nombre dont le carré est toujours négatif (à la différence de ce qui se passe pour les nombres réels, comme par exemple 1, 2, 3, etc., dont le carré est toujours positif). Rien de plus. Mais ces nombres pas comme les autres renferment de prodigieux trésors. À tel point que, dès le lendemain de sa soutenance, le jeune docteur répète à qui veut l'entendre ce que le grand Leibniz pensait des nombres imaginaires : « Une merveilleuse envolée divine ! » Pourquoi cet enthousiasme ? Parce que, dès sa soutenance, Riemann a eu l'intuition que les nombres imaginaires sont une véritable clef. Une clef qui, au fil des années, va lui permettre d'emprunter une sorte de passage secret et de déboucher enfin, en 1859, sur la grande découverte de sa vie : une étrange fonction. Sans aucun doute la plus mystérieuse de toutes les mathématiques.

Aujourd'hui, bien longtemps après sa découverte, cette fameuse fonction (qui repose, bien entendu, sur les nombres imaginaires) reste un mystère total. Dit-elle vrai ? Nul ne le sait. Toutefois, comme nous allons le voir, elle renferme un formidable secret. Sans doute l'une des pièces les plus importantes du fameux code que nous cherchons.

Mais n'allons pas trop vite. Tout cela est encore bien loin. Pour l'instant, Riemann n'est qu'un étudiant comme les autres, qui n'a pas la moindre idée de l'immense tempête qu'il va déclencher dans l'avenir lointain. Son unique souci du moment consiste à ajuster à sa taille la traditionnelle toge noire qu'il va revêtir dans quelques jours pour affronter le jury – et pas n'importe lequel – qui va décider de son destin.

*

Nous voici le 10 juin 1854. L'été rayonne haut dans le ciel et il fait chaud à l'université de Göttingen. Très chaud, même. De quoi laisser ouvertes en grand les fenêtres de la salle des Actes, afin de laisser passer un peu de fraîcheur apportée par l'ombre des arbres.

Ce jour-là, Riemann s'apprête à franchir une nouvelle étape. À vingt-huit ans, il est maintenant dans la force de l'âge. Et il lui a bien fallu toutes ses forces pour rédiger en sept semaines seulement – entre le lundi de Pâques et le lundi de Pentecôte – le monumental mémoire d'habilitation qu'il s'apprête à défendre devant sept « grands » professeurs à la mine revêche, Carl Friedrich Gauss en tête. Ce sont eux qui vont décider si Riemann mérite – ou pas – d'être « habilité », diplôme indispensable pour obtenir le titre de *Privatdotzen*. Un véritable passeport qui – si tout va bien – devrait lui permettre d'entrer dans la célèbre faculté Georges Auguste de Göttingen en tant que chargé de cours. Mais pour notre homme, le véritable enjeu n'est pas là. Ce qu'il veut avant tout, c'est pénétrer le plus profondément possible dans le secret de ce que, déjà, il considère comme un « code » de nature mathématique, permettant de comprendre pourquoi l'Univers est tel qu'il est (et pas autrement). Il est vrai que le sujet parle de lui-même : les « fondements de la géométrie ». Autant dire, comme Riemann le confiera plus tard à son vénéré maître Gauss, les fondements de la réalité tout entière.

*

Après avoir pris une longue inspiration, Riemann se lance. Par quoi commence-t-il ? Tout simplement par l'élément le plus simple, non seulement de la géométrie, mais aussi de tout ce qui existe : le point ! Et à partir de là, à voix basse et devant un auditoire médusé, il va pas à pas reconstruire la ligne, puis le plan, puis l'espace en trois dimensions dans lequel nous vivons ! Tout cela en « codant », étape par étape, les relations de plus en plus complexes existant entre ces briques fondamentales de notre réalité que sont les points !

Pour les savants barbus réunis ce jour-là à Göttingen, le choc donné par cette soutenance est immense. Un tremblement de terre qui se fait entendre dans le long silence qui suit le dernier mot de Riemann. En dehors de Gauss, pas un des membres du jury n'a vraiment compris l'immense portée du travail titanesque que le jeune candidat vient de résumer devant eux.

Un travail que Riemann qualifiera lui-même d'« esquisse ». Mais qui contient en germe les fondements d'une révolution inouïe, aussi bien sur le plan mathématique que philosophique. Que devons-nous en retenir ? Mille choses encore jamais vues. Par exemple, avec cent cinquante ans d'avance, émerge de cette soutenance l'idée que notre Univers – plus précisément, l'espace en trois dimensions dans lequel nous vivons – pourrait avoir la forme d'une sphère ! Qui plus est, le rayon de cette sphère pourrait tout aussi bien ne pas être fixe, ce qui débouche sur la toute première ébauche, même très rudimentaire, de ce que nous appelons aujourd'hui l'« expansion de l'Univers ».

Mais il y a bien plus.

En y regardant de plus près, on réalise soudain que Riemann a laissé filtrer plusieurs choses entre les lignes. En particulier cette phrase, écrite au début de son mémoire, et qui veut tout dire : « La géométrie présuppose non seulement le concept d'espace mais aussi l'existence de règles fondamentales de construction dans cet espace, des règles données à l'avance[1]. » Des *règles* ? Voici de quoi nous rappeler à quel point ce savant visionnaire était véritablement traversé par la certitude qu'il existait une sorte de « code invisible » dans l'Univers.

*

À présent qu'il a son précieux diplôme en poche, Riemann se sent prêt à aller plus loin. À percer le mystère de « tout ce qui est laissé dans l'ombre », selon l'expression qu'il a employée lui-même durant la présentation de son mémoire. Mais le contrecoup de la soutenance est rude, à tel point qu'il lui faut prendre quelques jours de repos, loin des professeurs, loin de l'agitation de Göttingen. Loin de tout. Deux semaines après l'épreuve, son frère reçoit ces quelques mots : « J'ai loué pour l'été une maison avec un jardin et, grâce à cela, ma santé ne m'a plus tourmenté[2]. »

Au calme dans ce coin perdu, Riemann a le temps de réfléchir. Et peu à peu, sans raison, ses idées commencent à tourner autour des relations invisibles qui existent entre les nombres et la nature. Il se souvient que pour Galilée, « la Nature est écrite dans un langage mathématique ». Lentement, d'anciennes conversations

---

1. Otto Forster, *Lectures ou Surfaces*, Springer, 1999.
2. *The Collected Works of Bernhard Riemann*, Heinrich Weber (éd.), Dove Publications, 1953.

qu'il a eues avec Gauss à l'observatoire ou dans le parc de l'université remontent à la surface de ses souvenirs. Des discussions sans commencement ni fin, qui portaient le plus souvent sur l'insondable mystère des nombres premiers. Mollement assis sur une chaise en osier, à l'ombre d'un grand cerisier, Riemann hoche la tête. Il est vrai que ces fameux nombres premiers sont fascinants. Leur produit engendre l'immense océan des nombres, un océan sans fond et sans rivages.

Mais comment se fait-il que, depuis des siècles, personne n'ait encore jamais pu découvrir le moyen de prévoir leur apparition ?

Riemann se lève pour cueillir une cerise. Il vient de décider d'entrer en scène. Une entrée éclatante qui va tout changer.

13

La fonction Zêta

Cinq ans se sont écoulés depuis la spectaculaire soutenance. Entre-temps, dès 1857, Riemann a décroché le titre de professeur à l'université de Göttingen et, en 1859, le voilà élu à l'Académie des sciences de Berlin. Deux positions qui le comblent d'une joie enfantine. Et qui lui donnent assez d'énergie pour se remettre à écrire. De toute façon, tout académicien fraîchement adoubé doit faire un compte rendu écrit de ses travaux les plus récents. Aussi, chaque soir, après les cours, notre explorateur des nombres s'installe en souriant à sa table de travail. Est-il à son affaire ? Pas tout à fait. Depuis quelque temps, il ne cesse de penser à une jeune fille qu'il a croisée une ou deux fois chez sa sœur. Son nom ? Elisa Koch. Il ne lui a pratiquement jamais parlé mais, sans qu'il sache trop pourquoi, il a envie de la revoir. De flâner avec elle sans parler dans les allées boisées de Göttingen. Une idée qui lui passe de plus en plus souvent par la tête et lui donne du cœur à l'ouvrage.

Et un matin, il se décide à écrire un article.

*

Sur quoi va-t-il écrire ? Sur une chose à laquelle son maître Gauss tient toujours à l'époque – en 1859 – comme à la prunelle de ses yeux, après un demi-siècle de recherche acharnée.

Les nombres premiers !

Le grand Gauss a tourné autour de ces êtres atomiques toute sa vie, dans l'espoir d'en percer le formidable secret. Mais il a échoué. Riemann secoue lentement la tête. L'idée que son maître à penser ait perdu la partie lui paraît chaque jour moins acceptable. C'est donc à lui, son disciple, de relever le terrifiant défi des nombres premiers. N'importe comment, le message caché de ces nombres le subjugue. Sans qu'il puisse se l'expliquer, il sait qu'ils ont un lien d'une indicible force avec la matière. Avec l'Univers. Avec tout ce qui existe.

Sans perdre une minute de plus, Riemann se met donc au travail. Son premier acte va être de retrouver l'article de Peter Gustav Lejeune-Dirichlet, l'un de ses anciens professeurs à l'université. Ce grand maître allemand de la théorie des nombres – féru de la France, il parle et écrit le français à la perfection – a prouvé, en 1837, que ce qu'on appelle une progression arithmétique contient une infinité de nombres premiers.

Et tout à coup, une idée jaillit dans sa tête.

À partir de maintenant, ne perdez pas une miette de ce que vous allez découvrir. Nous allons suivre pas à pas notre héros dans son face-à-face avec le mystère suprême.

D'où va-t-il partir pour lancer son assaut et faire tomber le formidable mur de défense des nombres premiers ? De la puissante formule découverte par Euler, un siècle plus tôt ! Rappelez-vous : c'est lui qui l'a baptisée « fonction Zêta ». Autre petit rappel : la fonction Zêta d'Euler dont il vient de se souvenir s'écrit comme la somme de 1 sur *n* (*n* pour n'importe quel nombre entier) à la puissance *s* :

$$1 + 1/2^s + 1/3^s + 1/4^s + 1/5^s \ldots + 1/n^s$$

Utilisons ici (comme le font tous les mathématiciens de la planète) le symbole Σ pour désigner la somme ci-dessus. La fonction Zêta d'Euler (notée ζ) prend alors sa forme canonique, telle qu'elle est reconnue partout depuis un siècle et demi :

$$\zeta = \Sigma 1/n^s$$

Ici un détail important : l'exposant *s* de la fonction d'Euler est un nombre *réel* (c'est-à-dire 2, 3, 4, 5, etc.).

Riemann réfléchit longuement. Puis commence à gribouiller sur une feuille les symboles d'une formule qui ressemble trait pour trait à la fonction d'Euler. Et soudain, il a une illumination. L'instant d'après, il modifie quelque chose d'essentiel dans la fameuse fonction. Avant de savoir quoi – et d'expliquer l'immense révolution que cette modification en apparence insignifiante a entraînée –, contentons-nous de savoir qu'en quelques jours les bases d'un texte éblouissant sont jetées. Il en résultera un article de huit pages à peine, qui sera la seule et unique contribution de Riemann à la théorie des nombres. Mais quelle contribution ! En fait, cet article, considéré aujourd'hui comme le plus important – et de loin – de toutes les mathématiques (et comme l'un des plus décisifs de toutes les sciences), a engendré un immense tremblement de terre, une onde de choc qui se fait encore sentir aujourd'hui avec la même intensité qu'il y a cent cinquante ans !

*

À quoi ressemble la fonction Zêta de Riemann ?

En fait, comme deux gouttes d'eau, à la fonction Zêta d'Euler.

Regardez ! La voici :

$$\zeta(s) = \sum_{n=1}^{\infty} \frac{1}{\mathrm{n}^s} = 1 + \frac{1}{2^s} + \frac{1}{3^s} + \frac{1}{4^s} + \dots$$

À la voir comme ça, aussi simple, on a du mal à croire que bien après Riemann, elle va devenir la formule la plus mystérieuse du monde. Mais pour l'instant, vous reconnaissez la fonction Zêta d'Euler. À un détail près, cependant, qui n'est pas visible directement sur la formule : chez Riemann, l'exposant *s* désignant les puissances de n n'est plus réel mais devient *complexe*. Autrement dit, il prend la forme :

$$s = a + ib$$

Or, cela change tout. En particulier, il devient beaucoup plus difficile de trouver les solutions de cette équation, c'est-à-dire les valeurs pour lesquelles elle s'annule. Néanmoins, ces solutions – ces zéros – existent bel et bien quelque part, disséminées sur un plan qu'on appelle le « plan complexe ». Mais où se cachent donc ces zéros ? C'est ce que Riemann s'est mis en tête de dénicher.

Première chose à faire, se débarrasser des solutions triviales. Ce sont les zéros engendrés par toutes les valeurs entières paires négatives de s ($s = -2, -4, -6$, etc.) Riemann observe d'un coup d'œil que ces solutions n'ont pas d'intérêt et les balaie du revers de la main. Mais il en va tout autrement pour ce qu'on appelle les zéros non triviaux. À partir de là, nous changeons de monde. Aussi, soyez des plus attentifs à ce qui va suivre. Riemann va procéder en deux étapes, chacune d'elles apportant quelque chose de colossal.

Pour commencer, notre explorateur s'est mis à calculer à la main les cinq ou six premières solutions de l'équation. Celles-ci correspondent bien sûr à des points sur un plan. Or, en plaçant ces points l'un après l'autre, il a constaté que, bizarrement, les points représentant les zéros de la fonction n'étaient pas dispersés n'importe où mais étaient alignés *exactement* sur une ligne droite traversant le plan à la verticale !

Riemann n'en croit tout simplement pas ses yeux.

Après deux ou trois vérifications, il reprend son crayon et pousse plus loin le calcul des solutions. Mais l'incroyable est bel et bien là, devant lui : tous les zéros sont alignés le long de cette satanée droite ! Celle-ci coupe à la verticale l'axe horizontal des nombres réels au point 1/2. Comme nous sommes (ne perdez pas le fil) dans le plan complexe, cela signifie donc que la fameuse droite en question – que Riemann a tôt fait de baptiser « droite critique » – est *imaginaire*. Le cœur battant, Riemann calcule toute la nuit, sans dormir une minute. Mais les résultats sont là, implacables : tous les zéros de la fonction qu'il a pu calculer sont situés *exactement* sur la droite critique !

Comment notre héros aurait-il pu fermer l'œil ? Il vient de recevoir le choc de sa vie, un peu comme si le ciel lui était tombé sur la tête. Car il a immédiatement réalisé la signification colossale de ce qu'il vient de découvrir. Que veulent donc dire tous ces points alignés sur la droite imaginaire ? Pour le savoir, suivons la deuxième étape de son raisonnement.

Riemann sait que la fonction Zêta découverte par Euler a fait émerger de l'ombre un lien profond – et très déroutant – entre les nombres entiers et les nombres premiers. Il ne lui en faut pas davantage pour saisir à pleine main l'incroyable conclusion : *les points situés sur la droite critique correspondent à la répartition des nombres premiers dans la file des nombres entiers !*

C'est tout.

Mais c'est gigantesque. Riemann ferme les yeux. Se mouche bruyamment. Et se lève pour faire quelques pas dans le parc. Il a besoin d'air. De chasser le poids qui tasse ses épaules et lui serre la nuque. Deux jours qu'il n'avait pas décollé de sa chaise. Il est temps de se dégourdir les jambes. Et de savourer debout, à pleins poumons, son immense victoire.

Celle-ci va changer le monde, comme vous allez à présent le découvrir dans les pages suivantes.

14

La fonction Zêta et les nombres premiers

Deux jours se sont écoulés depuis la fantastique découverte de Riemann.

Le dos brisé par les efforts de la veille, il a dormi d'une traite toute la nuit. Et à présent, histoire de finir de se mettre en forme, il part en promenade vers l'observatoire, là où il est allé tant de fois rejoindre son maître, le génial Gauss. En passant devant la coupole, quelque chose lui serre le cœur. Il aurait tant voulu parler de sa découverte avec Gauss. Il aurait écouté religieusement chaque mot. Aurait accepté humblement chaque critique. Mais rien de tout cela ne se produirait plus jamais. Gauss a disparu depuis des années, laissant dans la vie de Riemann un vide immense.

Au bout d'une heure de marche sans penser à rien, notre homme traverse le sous-bois au fond du parc, débouche sur une petite clairière et se laisse tomber dans l'herbe. Une marguerite à la bouche, il remet alors peu à peu de l'ordre dans ses idées. Est-ce que ce qu'il a calculé pour les premiers zéros – cet incroyable alignement sur une droite – est vrai pour *tous* les zéros ? Sont-ils tous, sans exception, alignés sur la droite critique ?

À ce stade, impossible de répondre. Mais tout de même ! Pour ce qui est des premiers zéros, leur alignement ne peut pas être dû à une coïncidence ! Et plus il y pense, plus Riemann sent qu'il se joue avec ses calculs quelque chose de colossal, qui dépasse de loin tout ce à quoi il s'attendait. En effet, ce mystérieux alignement constitue peut-être une clef. Pourquoi ? Parce que les solutions de la fonction Zêta – les fameux zéros – pourraient permettre de savoir où, dans le flot infini des nombres, se cachent ces êtres tellement à part, tellement insaisissables, que sont les nombres premiers. Plus exactement, on aurait enfin la preuve que leur répartition ne s'effectue pas « comme ça », au hasard, mais obéit à une loi. Une loi valable pour l'infinité de zéros correspondant à l'infinité de nombres premiers existant dans l'Univers des nombres.

Or d'où vient cette loi ? Qui l'a écrite ?

Mystère. Mais Riemann est persuadé que cette loi générale existe. Que son hypothèse est exacte. Est-ce que cela veut dire *in fine* que l'Univers entier ne repose pas sur le hasard mais sur *autre chose* ? Il se souvient que c'était la conviction d'Euler. Tout comme celle de Gauss.

Et c'est aussi la sienne !

*

Le lendemain, voilà notre chasseur de nombres premiers revenu à sa table de travail. Il se frotte les mains. Pourquoi cette bouffée de joie ? Parce qu'il vient de découvrir un nouveau phénomène – un de plus ! – qui l'ensorcelle littéralement. Certes, pour lui, les zéros de sa fonction sont tous alignés *exactement* sur la droite critique. Ce qui veut dire que les nombres premiers *doivent* tous se retrouver sur cette droite. Mais quelle est la distance entre eux ? Impossible de le dire de manière certaine ! En réalité, sa fonction Zêta se contente de contrôler les oscillations des nombres premiers autour de leur position attendue. Autrement dit, la position des nombres premiers sur la droite *fluctue* – un peu comme la position d'une particule élémentaire dans l'espace – et ne peut pas être connue avec exactitude. De fait, au cours de ses calculs, Riemann s'est presque immédiatement aperçu que la densité des nombres premiers est régie par une fonction ayant la forme d'une onde. Ce qui fait que la position des nombres premiers dans le flot des nombres peut être connue globalement mais pas *localement*.

Riemann vient de terminer son article et le relit une nouvelle fois. Puis il hausse les épaules. Pour bien faire et ne pas laisser place au doute, il faudrait démontrer la fameuse hypothèse. Seulement voilà ! Les calculs sont si compliqués, entraînent notre homme si loin qu'il finit par se perdre et n'arrive à rien. Il l'a d'ailleurs écrit lui-même, vaguement découragé : « Pour le moment, après quelques vagues tentatives restées vaines, j'ai provisoirement mis de côté la recherche d'une preuve, car elle semble inutile pour l'objectif suivant de mes investigations[1]. » De fait, les jours et les semaines passent. Bientôt les années. Mais la terrible conjecture ne bouge pas d'un millimètre. En dépit de tous ses efforts, malgré les centaines de pages de calculs et les longues heures de discussion avec ses collègues, rien n'y fait ! Impossible pour Riemann de démontrer son hypothèse !

*

Faisons le point. Le moment est venu de réfléchir. De comprendre l'immense portée, sur tous les plans, de la fameuse fonction Zêta de Riemann. Et de voir en quoi elle nous rapproche furieusement de ce mystérieux « code secret » que nous cherchons dans ce livre.

D'abord, sachez que ce que vous avez découvert au chapitre précédent porte un nom, celui de la célébrissime « hypothèse de Riemann ».

L'hypothèse de Riemann !

Un nom qui, encore aujourd'hui, fait trembler dans les chaumières. Envoûte les uns et fait s'arracher les cheveux aux autres. Et depuis des lustres fait couler une encre aussi noire que son mystère.

Que nous dit-elle, en gros ? Pour l'essentiel, que les zéros (non triviaux) de la fonction Zêta de Riemann ont

---

1. *The Collected Works of Bernhard Riemann*, *op.cit.*

tous pour partie réelle 1/2. Autrement dit, les nombres premiers sont tous *exactement* alignés sur la droite qui coupe à la verticale au point 1/2 l'axe des nombres réels. Ici, arrêtons-nous un instant sur une précision, qui n'apparaît pas toujours clairement dans les textes qui parlent de la fascinante hypothèse. En fait, même si les zéros – donc les nombres premiers – sont *tous* exactement alignés sur la droite critique, cela ne veut pas dire que l'on connaît leur position *exacte* les uns par rapport aux autres. Car, en réalité, cette fonction unique en son genre opère sur un « espace de nombres » à deux dimensions, un plan complexe (avec une dimension réelle et une dimension imaginaire pure). Par conséquent, pour peu qu'on entre dans les détails mathématiques, l'on constate sur le papier (ou sur l'écran) que la position des zéros sur le plan complexe peut être reliée à un ensemble infini de phénomènes ondulatoires qui, collectivement, gouvernent la fluctuation des zéros sur la droite critique. Ce que vous devez donc retenir, c'est que les nombres premiers ne se trouvent pas à des emplacements précis, rigoureusement déterminés, mais « oscillent » autour de positions moyennes. Ce flou irréductible ajoute bien sûr au parfum de mystère qui les entoure.

*

À présent, pourquoi parle-t-on encore aujourd'hui d'hypothèse ? Parce que, plus de cent cinquante ans après sa découverte, cette fameuse conjecture n'a toujours pas été démontrée. Et pourtant… en 1986, il a été montré par un calcul colossal que les premiers *un milliard et demi de zéros* sont bel et bien alignés sur la fameuse droite critique.

Alors ?

Si elle est démontrée un jour – plus de dix mille mathématiciens dans le monde déploient pour cela des efforts acharnés –, elle pourrait bien briser le secret. Le mathématicien anglais Marcus du Sautoy, professeur à l'université d'Oxford, a étudié en profondeur les nombres premiers. Et il affirme haut et fort : « L'hypothèse de Riemann est la longitude des mathématiques. En la résolvant, on ouvre la perspective d'établir la carte des eaux brumeuses du vaste océan des nombres. Cela ne constituerait qu'une étape dans notre compréhension de ce secret de la Nature. Si seulement nous pouvions trouver le secret nous permettant de naviguer sur les nombres premiers, qui sait alors ce que nous trouverions au-delà, n'attendant que nous[1] ? »

En effet : qu'est-ce qui nous attend au-delà ? Quelque chose dont on ose à peine rêver. Quelque chose qui touche aux fondements les plus profonds de notre Univers. Une fois de plus, préparez-vous à faire face, plus loin, à des révélations qui dépasseront sans doute tout ce à quoi vous pourriez vous attendre.

1. http://villemin.gerard.free.fr/Wwwgvmm/Identite/Riemann.htm

15

Des êtres mathématiques derrière la matière

En ce début du mois de juin, il fait frais à Aberdeen. Une ville tranquille, située sur les bords de la mer du Nord, dans la lointaine Écosse. Nous sommes en 1859. Un jeune homme de vingt-huit ans s'apprête à recevoir un prix de cent trente livres – le prix Adam, premier d'une très longue série – pour avoir répondu à une question très difficile dans le cadre d'un grand concours organisé par le collège Saint John de l'université de Cambridge : « Pourquoi les anneaux de Saturne restent-ils en place autour de la planète ? » La réponse du candidat est jugée « en tous points remarquable » et a été magnifiquement prouvée cent vingt ans plus tard – dans les années 1980 – par les observations spectaculaires de la sonde américaine *Voyager*. Mais qui est donc ce prophétique lauréat ?

Un Écossais de pure souche, portant le kilt et jouant à ses heures de la cornemuse, entre deux bancs de brume : James Clerk Maxwell.

Maxwell !

Un nouveau nom de légende à ajouter à notre galerie des explorateurs du fond secret de l'Univers. Avec lui, nous allons rencontrer l'un des plus grands physiciens théoriciens de l'Histoire, dont les impressionnantes découvertes (notamment les célèbres « équations de Maxwell » – formalisant l'unification de l'électricité et du magnétisme) rayonnent loin dans l'espace et dans le temps.

Son exploration commence sur les chapeaux de roues : à tout juste quatorze ans, il écrit son premier article (de mathématiques), lu en séance plénière et publié à la Royal Society d'Édimbourg. L'adolescent y a découvert la nature profonde de ces courbes qu'on appelle les ellipses. Deux ans plus tard (il n'a que seize ans), il entre à l'université d'Édimbourg puis, dans le même élan, fait une entrée fracassante dans l'une des toutes premières universités du monde : Cambridge. Il y choisit ce bastion imprenable qu'est le Trinity College, où son jeune esprit découvre avec émerveillement que, derrière la matière physique, il y a des formes géométriques. Des êtres algébriques. Plus profondément encore, des *nombres*.

*

1859 est aussi une grande année pour Maxwell. Il est depuis trois ans – et de loin – le plus jeune professeur du Marischal College d'Aberdeen. L'été précédent, il a épousé la fille du principal du collège, la très charmante

Katherine Mary Dewar. Un amour réciproque sans bruit. Sans ombre. Le soir, au calme du salon, il lit les grands textes. Ceux de Daniel Bernoulli et d'Euler, bien sûr. Mais aussi, avec une admiration grandissante, ceux de Gauss. Il a un goût marqué pour les mathématiques et une vraie fascination pour les nombres. En 1856, il va lancer avec force : « Toutes les sciences mathématiques sont fondées sur les relations entre les lois physiques et les lois des nombres, de sorte que le but des sciences exactes est de réduire les problèmes de la nature à la détermination de quantités par des opérations sur des nombres[1]. » On ne peut être plus clair. Et un beau jour, l'idée que les nombres premiers puissent avoir une relation quelconque avec la nature, avec le monde physique, le saisit. Elle ne le lâchera plus, même si elle n'apparaît que de manière très ténue dans ses travaux. Ce qui est certain, c'est que sa fantastique aptitude à tout calculer l'amène un jour à se demander ce qui se passe à l'intérieur d'un récipient contenant un gaz. Comment se comportent les milliards de molécules le composant ? À quelles vitesses vont-elles les unes par rapport aux autres ?

En 1859, il apporte une réponse. Et quelle réponse ! Elle va être à l'origine – avec le concours de l'immense Ludwig Boltzmann – du spectaculaire développement de ce qu'on appelle la mécanique statistique. Toujours est-il que, dans notre recherche de ce fameux « code secret »

1. « Faraday's Lines of Force », *Philosophical Magazine*, 1856.

de l'Univers, nous relevons ici deux coïncidences. La première est une affaire de date. Maxwell publie, en effet, son article la même année que celui de Riemann (où se trouve posé le plus grand mystère mathématique de tous les temps). La deuxième coïncidence est plus troublante. En effet, tandis que Riemann étudie dans son article la distribution des nombres premiers, Maxwell, lui, a découvert une loi générale portant sur la distribution des particules dans un gaz. Et ici vient le plus stupéfiant. La formule de Maxwell, qui s'écrit (en simplifiant) exp(–βH), est trait pour trait *de la même forme* que la fonction Zêta de Riemann ! Les deux formules se ressemblent comme deux gouttes d'eau.

Comment est-ce possible ?

L'une concerne des particules physiques tandis que l'autre touche à de purs nombres. Encore une fois, que veut dire cette étrange ressemblance ? Existerait-il un lien entre cette chose palpable, solide sous les doigts, qu'est la matière et, dans l'invisible, avec ce monde impalpable, que l'on ne pourra jamais toucher, qui est celui des nombres ? Sans doute l'esprit fulgurant de Maxwell a-t-il saisi quelque chose de ce lien entre la matière et les nombres.

Mais il n'élucidera pas ce mystère.

Très peu de temps plus tard, il va se lancer dans l'œuvre de sa vie, un travail monumental : unifier l'électricité et le magnétisme. Il en résulte dix-huit équations – les équations de Maxwell – qui vont le couvrir de gloire pour toujours. Einstein lui fera à distance ce signe de la main : « La théorie de la relativité speciale doit son origine aux équations de Maxwell. » Et dans un élan enthousiaste, il a d'ailleurs ajouté : « Le travail de Maxwell a changé le monde à jamais[1]. »

Justement : le lien entre la formule de Maxwell et la fonction de Riemann fait-il partie de ce qui peut « changer le monde à jamais » ?

Pour en savoir plus, nous allons à présent rencontrer celui qui, le premier, a saisi toute la profondeur de la formule de Maxwell. Et s'est saisi du flambeau. Il s'appelle Ludwig Boltzmann. Avec cet esprit hors du commun, nous allons faire un saut de plus – un saut saisissant – au cœur du mystère. Et vers le code de l'Univers.

1. Albert Einstein, *Comment je vois le monde*, Flammarion, coll. « Champs », 2009.

16

La nouvelle piste

Dix-huit ans se sont écoulés depuis la découverte révolutionnaire de Riemann. Notre quête d'un possible « code » secrètement enfoui dans les profondeurs de notre Univers va reprendre par une froide soirée d'octobre 1877, quelque part au fin fond de la Styrie.

Nous voici à Graz, seconde capitale du puissant Empire d'Autriche-Hongrie. Le vent a pris de l'avance cette année-là et il souffle en volutes glacées dans les rues où ne circulent que des ombres réduites au silence. Pour couronner le tout, la neige commence à tomber. Flocon après flocon, elle recouvre en douceur les toits et les rues, arrondit tous les angles, efface un à un les pas incertains des rares passants.

Mais par bonheur, derrière les boiseries de la grande salle des Actes de l'université, il fait chaud. Assis près de l'imposant poêle en faïence qui ronfle depuis le matin, un homme est occupé à griffonner sur des feuilles de papier jetées en désordre sur le pupitre. Il est tellement affairé qu'il manque de faire tomber le petit écriteau sur lequel on peut lire son nom : Ludwig Bolzmann.

Boltzmann !

Le nom claque. Il a beau sonner « à l'allemande », en réalité, Boltzmann est autrichien. Et comme tout bon Autrichien qui se respecte, il ne porte pas spécialement les Allemands dans son cœur (même s'il parle – contre son gré, lâche-t-il – leur langue).

Suivons bien cet homme. En 1877, il est encore peu connu. Ni ses élèves ni ses collègues à la mine de papier froissé ne se doutent qu'ils côtoient quelqu'un qui, à des dizaines d'années de là, sera considéré comme l'un des plus grands savants des temps modernes. En attendant, il va nous mettre sur la piste de deux pièces fondamentales qui vont nous ouvrir l'accès à ce fameux « code » que nous recherchons. Deux précieuses clefs, dont la portée est immense.

*

Par petits gestes brefs, Boltzmann tente de ranger ses documents sur la table : où diable est donc passé le début de sa conférence ? Nerveusement, il retire sa montre de son gousset en cuir avant de refermer le couvercle d'un coup sec et de lancer des regards furtifs vers le fond de la salle. Dans quelques minutes, les gradins seront remplis jusqu'au dernier rang. Gonflant sa large poitrine, Boltzmann est de plus en plus anxieux. Il passe régulièrement une main impatiente dans sa barbe de fer, véritable ligne de défense contre ses ennemis. Et déjà, il n'en manque pas. À commencer par le redoutable Ernst Mach. Le savant autrichien s'est juré de « faire taire ce petit chercheur dont les idées sont dangereuses pour la physique[1] ».

Pourtant, de l'avis de nombre de ses collègues, Ludwig Boltzmann est loin d'être le « petit chercheur » copieusement méprisé par Mach et certains de ses collègues à la mine grisâtre et renfrognée.

Ce physicien – qui a eu la bonne idée de naître un jour de mardi gras, le 20 février 1844 – vient d'une famille acceptée depuis plusieurs générations dans le monde confortable de la bonne bourgeoisie autrichienne. Son père, le regard cerclé du matin au soir par ses étroites lunettes d'acier, est un sévère inspecteur des impôts qui, à la force du poignet, a acquis une maison sur l'une des principales avenues du « Landstrasse », un district plutôt élégant dans la Vienne de l'époque. Il tire une grande fierté de sa devise selon laquelle « contre vents et marées, il faut toujours aller au bout de ce qu'on fait ». C'est sans doute pour cela qu'il est du matin au soir à l'affût d'une falsification, d'une dissimulation ou d'une fraude. Et pour cela aussi qu'il a élevé son fils à la dure. À l'allemande ! Au moindre dérapage, il règle l'affaire à coups de fouet : le petit « Ludo » n'a qu'à bien se tenir. Heureusement, le grand-père, fabricant de montres et

1. Ernst Mach, *The Analysis of Sensation*, Dover Publications, 1897.

autres mécaniques de précision, est d'un naturel moins raide. Abandonnant parfois sa collection de papillons, Ludo passe de longues heures à observer dans l'atelier du grand-père le mouvement des balanciers et des roues dentées, source lointaine de ce qui deviendra la passion d'une vie pour tout ce qui touche au temps. Mais aussi pour ce qui fait tourner les rouages de l'Univers.

Car au fond de cet atelier hérissé d'engrenages et autres pièces tournantes, le petit Ludwig s'aperçoit un jour que le nombre de dents des roues qui font marcher les montres et les horloges est toujours un nombre premier ! Toujours.

Cette découverte le laisse perplexe. Mais fera son chemin pour ressurgir bien plus tard, sous une forme qui prendra tout le monde de court.

*

Chez les Boltzmann, tout est prévu, organisé, minuté. Le hasard ? Il n'a pas sa place à la maison. Dans une telle ambiance, rien d'étonnant si Ludo trouve refuge dans les traités de mathématiques, qu'il lit plus ou moins en cachette, dès que son père a le dos tourné. C'est à cette époque, alors qu'il a une douzaine d'années, qu'il découvre les écrits d'Euler, de Gauss et de Riemann. Des esprits qui l'ont marqué à tout jamais et dont il va croiser la route d'une manière surprenante.

Tant bien que mal, entre deux « leçons » administrées par son père, Boltzmann franchit le cap de ses vingt ans.

Pour autant, il n'en impose pas par sa taille. Court sur pieds, il est encore un peu plus tassé sur lui-même et gêné par son embonpoint. Les méchantes langues le raillent même dans son dos en disant qu'il est « plus petit que son ombre ! ».

Mais tout change aussitôt qu'il ouvre la bouche. D'une intelligence hors du commun, chaque mot qu'il prononce semble le rendre plus grand. Dès l'âge de seize ans, il possède une maîtrise telle des mathématiques que pas un seul de ses camarades ou, plus tard, aucun de ses collègues, n'ose se mesurer à lui. À vingt-deux ans seulement, il décroche haut la main sa thèse de doctorat en physique théorique à l'université de Vienne sous la direction d'un maître incontesté en dynamique des gaz, Josef Stefan. Puis tout s'enchaîne très vite. Trois ans plus tard, le voilà nommé professeur de physique mathématique à Graz, une discipline dans laquelle il se sent comme un poisson dans l'eau.

*

Et ce beau soir de 1877, il est à son affaire, face à son auditoire. Il y a du monde. Beaucoup de monde. Une occasion rêvée pour que, fort de sa position familiale, il en profite pour faire enfin valoir ses idées. Il vient d'apercevoir le premier conseiller aux Affaires scientifiques de l'empereur François-Joseph et il lui faut frapper un grand coup. Surtout face au redoutable Ernst Mach qui vient d'entrer et dont la haute silhouette, soutenue par Kurt, son âme damnée, épaissit le dernier rang des gradins.

Mach ! Son ennemi historique ! Ne pouvait-il se contenter de laisser son nom visible par tous au sommet du mur du son ? Au lieu de cela, ce savant d'exception s'est acharné à saper la réputation de ceux qu'il considère comme « nuisibles » pour la science. Boltzmann secoue la tête en silence. Mach l'a peut-être pris en grippe au moment où il a dû lui céder la place à la tête de la chaire de philosophie et d'histoire des sciences ? Depuis cette passation de sceptre, Boltzmann sait que Mach le considère comme un imposteur et qu'il n'a qu'une seule idée en tête : l'empêcher de parler – et même de *penser*. Et ce soir, il est présent. Sans aucun doute pour le narguer, une fois de plus. Pour prendre la parole de sa voix forte et le ridiculiser devant tout l'auditoire. C'est devenu une habitude. L'irascible physicien autrichien ne rate pas une conférence ni une occasion pour envoyer une flèche empoisonnée en direction de celui qu'il considère comme son « meilleur ennemi ». Boltzmann soupire profondément. Il n'a jamais oublié ce qui s'est passé à l'université de Graz, en décembre 1876.

Ce jour-là, il avait révélé pour la première fois que « les secrets de la matière visible se tenaient dans l'invisible[1] ». Que la matière était faite de billes minuscules, inobservables à l'œil nu, mais qui fondaient toute la

1. Carlo Cercignani, *Ludwig Boltzmann : The Man who Trusted Atoms*, Oxford University Press, 1998.

réalité matérielle. Or, curieusement, l'idée que n'importe quel objet, une table, une chaise, un canapé, était fait de milliards d'atomes était absolument insupportable à Mach. Bouillant de rage sur son banc, il s'était tout à coup levé d'un bond avant de lancer : « Vos soi-disant atomes n'existent pas, mon pauvre Boltzmann ! Pas plus que des fées sur le Danube ! » Lâchée par l'un des savants les plus en vue du pays, cette phrase avait fait mouche : un rire général avait alors gagné les rangs tandis qu'une bonne moitié des étudiants avait quitté la salle. Et depuis lors, malgré sa très nette supériorité sur la plupart de ses collègues, Boltzmann n'était jamais parvenu à étouffer les quolibets qui montaient comme des feux follets dans l'assistance dès qu'il avait le dos tourné.

*

Or, ce soir-là, personne ne souffle mot. Une foule compacte a envahi la salle. Assis par terre devant les premières lignes de sièges, plusieurs dizaines de jeunes étudiants lèvent les yeux vers l'estrade, impatients d'entendre la conférence du maître. Les dames du monde, les officiers en uniforme, les artistes et les grands bourgeois de Vienne qui se pressent dans la salle savent que, pour une fois, Boltzmann ne va pas aligner des équations incompréhensibles au tableau noir. S'ils sont venus en masse, c'est bien pour l'entendre leur parler dans un langage qu'ils peuvent comprendre.

D'une voix peu assurée, Boltzmann vient de prendre

la parole. Il a du mal à surmonter son trac. Un coup d'œil derrière lui et il voit que le couloir qui mène à la sortie est lui aussi bourré de monde. Après avoir exhalé un profond soupir, il baisse les yeux vers ses notes. Il se prépare à partager avec son auditoire une idée qui l'obsède depuis des années. Une idée si bouleversante qu'il a longuement pesé le pour et le contre avant de se décider enfin à la révéler au grand jour. Car il sait que ce qu'il va dévoiler ne manquera pas de soulever l'incrédulité et même de choquer certains esprits. Il est certain que ce qu'il va dire peut transformer de fond en comble le savoir de son temps.

De quoi s'agit-il ?

D'un domaine qui fait trembler d'ignorance sur leurs bancs de bois ceux qui tentent de le suivre. L'assistance est à l'écoute, même si elle ne comprend pas un traître mot de ce que raconte le gros bonhomme barbu perché sur son estrade et qui parle sans arrêt depuis plus d'une heure. Ceux qui s'accrochent pour ne pas quitter la salle ne savent pas encore à qui ils ont affaire.

Comment pourraient-ils se douter que leur jeune professeur vient de mettre au jour l'un des secrets les plus inaccessibles de la matière ?

17

La formule magique

Boltzmann pousse un soupir de soulagement et s'affale sur sa chaise. Le dernier étudiant vient de quitter la salle. Tout s'est bien passé. Pour une fois, Mach s'est tenu tranquille. Le visage enfoui derrière ses notes, l'irascible physicien viennois s'est contenté de hausser deux ou trois fois les épaules, mais sans faire de scandale.

Afin de comprendre pourquoi Boltzmann déclenche une telle levée de boucliers, pourquoi ses étudiants ont tant de mal à le suivre, nous allons à présent vous en dire un peu plus sur ce qu'il a découvert en cette année 1877. Une découverte qui, vous allez le voir, recoupe de près celle de Riemann. Et pourrait bien être un nouveau fragment du « code » que nous avons en ligne de mire.

De quoi s'agit-il ?

Pour en savoir plus, remontons quelques mois en arrière, jusqu'en mai 1877.

*

En cette fin de printemps allégé par le soleil, l'air est descendu en pente douce des montagnes à l'entour. Tout sent bon, même au fond des salles de classe. Les cours sont terminés et Boltzmann a du temps devant lui. Mais le savant autrichien n'est pas du genre à se prélasser sur une chaise longue. Depuis quelque temps, une idée lui trotte dans la tête du matin au soir. Pourquoi ne pas profiter des vacances pour y réfléchir ?

Boltzmann rassemble alors ses notes et décide de partir d'un sujet qu'il connaît sur le bout des doigts : le comportement des gaz. Pour bien se préparer à l'ascension, il commence par relire le grand chimiste italien Amadeo Avogadro. Comment ne pas être séduit ? Il y retrouve toutes ses idées sur la décomposition de la matière en éléments premiers ! Par exemple, il découvre que, grâce au fameux nombre d'Avogadro, on peut en déduire que dans un dé à coudre contenant un peu moins de 20 grammes d'eau, il y a environ 600 000 milliards de milliards de molécules d'eau ! Boltzmann se frotte les mains, car la même méthode de calcul s'applique aussi aux gaz.

Une fois bien en jambes, notre homme s'attaque à Maxwell. Dans le détail, ligne par ligne. Et il en tire cette question : est-il possible de comprendre la matière visible (à l'échelle *macroscopique*) à partir de ses constituants invisibles – à l'échelle *microscopique* des molécules, des atomes et des particules élémentaires ? De tout ce qu'on ne pourra jamais ni toucher ni même voir ? Le bouillant physicien est très impressionné par la réponse apportée par Maxwell. Et par sa splendide formule. Rappelons que Maxwell, en prenant appui sur les travaux probabilistes de Gauss (c'est son auteur de chevet), s'est mis en tête de décrire l'état d'un système de particules de matière à partir de la distribution des *vitesses* de ces particules.

Au moment où il découvre la merveilleuse équation de Maxwell, Boltzmann passe sa main dans sa barbe électrique. Il est muet d'admiration pour cette grande première consistant à approcher mathématiquement ce qu'il y a d'insaisissable dans la matière. Il est prêt à chanter aux quatre coins de l'Autriche – et même de l'Europe – les louanges de Maxwell. Toutefois, l'instant d'après, il retire ses lunettes pour les essuyer, signe que quelque chose le tracasse. En un éclair, il vient de réaliser qu'on peut faire mieux avec cette formule. De quelle façon ? En remplaçant la distribution des vitesses des particules par celle, bien plus générale, de *l'énergie* de ces mêmes particules. Une fois le silence retombé au fond de sa poitrine, il fait quelques pas vers le tableau noir et y écrit d'un trait son équation, sans même lever la craie. Préparez-vous à lire l'une des formules les plus importantes de toute la science : la « fonction de partition ».

Une formule qui nous ouvre une nouvelle porte – et quelle porte ! – en direction du code que nous cherchons. Celle-ci s'écrit comme une somme de tous les états possibles d'énergie correspondant à toutes les molécules du gaz : somme de $\exp(-\beta H)$ ou, sous la forme habituelle :

$$Z = \Sigma e^{-\beta H}$$

Cette formule « magique » – qui correspond exactement à ce que les physiciens de l'infiniment petit appellent joliment « la trace du noyau de la chaleur » – décrit donc la distribution des énergies au sein d'une population de molécules (les éléments du gaz) en équilibre thermique à la température T.

*

Comment la lire ? En fait, c'est un jeu d'enfant ! Vous y retrouvez tout ce que vous connaissez déjà. En premier lieu, la constante d'Euler *e* (vous vous en souvenez, c'est le symbole de l'exponentielle). Ensuite, le signe grec β (prononcez bêta) pour l'inverse de la température T. Dans n'importe quel livre de physique statistique, vous verrez que la température β d'un système, quel qu'il soit, s'écrit donc : $\beta = 1/kT$. Retenez au passage que *k* est une constante découverte par Boltzmann et qui porte bien sûr son nom, la « constante de Boltzmann ». Quant à la lettre H, elle désigne (comme le veut Boltzmann) l'énergie de notre nuage de gaz.

Encore une chose, qui sera importante pour la suite. Sachez que le fameux symbole β, représentant l'inverse de la température de la matière étudiée – ici un gaz –, renferme un nouveau secret, sur lequel nous reviendrons plus loin. En effet, ce secret vous permettra de faire un pas de plus vers ce code invisible, d'essence numérique, qui se cache au-delà de la matière. Nous y reviendrons.

Mais à présent, préparez-vous à quelque chose de sidérant.

*

Nous voici de retour à l'automne 1877. Ludwig Boltzmann est à son bureau face au tableau noir bourré de calculs. Après avoir reculé de quelques pas pour mieux contempler sa formule, Boltzmann se laisse soudain chuter lourdement dans son fauteuil. Une question étrange vient de lui traverser l'esprit. Sa formule lui rappelle quelque chose. Mais quoi ? Il a beau se gratter la nuque, se lever pour faire le tour de son bureau, ranger ses papiers, se rasseoir, impossible de se souvenir. Puis, peu à peu, des bribes remontent du brouillard.

Trois ans plus tôt, il a lu un article d'un mathématicien de Göttingen, Bernhard Riemann. Il se souvient d'avoir été fortement intrigué par une très étrange fonction, la fonction Zêta. Pour en avoir le cœur net, il retourne au tableau noir et, de tête, trace la fonction de Riemann juste au-dessous de « sa » fonction de distribution. Puis, les sourcils de plus en plus froncés, il recule à nouveau pour mieux voir. Et, finalement, il n'en croit pas ses yeux.

Sa fonction de distribution présente une mystérieuse ressemblance avec la fonction Zêta de Riemann. En effet, vous le savez, notre fameuse fonction Zêta s'écrit habituellement :

$$\zeta(s) = \sum_{n=1}^{\infty} \frac{1}{\mathrm{n}^s} = 1 + \frac{1}{2^s} + \frac{1}{3^s} + \frac{1}{4^s} + \ldots$$

Or, mathématiquement, l'expression ci-dessus peut aisément être écrite sous la nouvelle forme qui suit :

$$\zeta(s) = \sum_{n=1}^{\infty} e^{-s.\log n}$$

Une expression qui, comme le note Boltzmann en fronçant les sourcils, ressemble furieusement à sa fonction fétiche :

$$\mathrm{Z} = \Sigma e^{-\beta \mathrm{H}}$$

Qu'est-ce que ça peut bien signifier ?

Boltzmann se rassied et prend son temps pour réfléchir. Il sent confusément que cette ressemblance indique qu'il existe peut-être une sorte de correspondance entre les phénomènes physiques et l'Univers des nombres. En somme, un lien entre la matière et l'information.

Mais quel lien ?

Faisons un saut jusqu'en février 1878. Une formidable surprise nous y attend.

18

Le code de l'ordre

Nous voici dans la grisaille glacée de février 1878, de retour dans notre bonne vieille université de Graz. Près de cinq mois se sont écoulés depuis que Boltzmann a effectué sa magnifique découverte.

Mais il y en a une autre. Une idée nouvelle, d'une force inouïe, qu'il s'apprête à présenter dans quelques heures à une assemblée restreinte triée sur le volet. Il a soigneusement choisi les participants un à un. Boltzmann se cale en arrière dans son fauteuil de cuir et fait le compte de tout ce qu'il a à dire à ses collègues. L'heure tourne et, en début de soirée, il va falloir qu'il les rejoigne dans la salle des séminaires restreints. Ce ne sera pas si facile de les convaincre. Dans la pénombre de ces dernières années du XIXe siècle, Boltzmann sait qu'il est encore plus ou moins considéré comme une sorte de « penseur ambulant » par la communauté bien-pensante des physiciens. Même s'il est solidement campé sur sa position académique, il n'en est pas moins dénigré dès qu'il a le dos tourné. Les plus acharnés vont même jusqu'à le traiter carrément d'illuminé.

Mais rien à faire ! Boltzmann tient bon. Aucun de ses sinistres collègues au visage de carton bouilli n'a réussi à le faire changer d'avis. Depuis des années, il s'est consacré à un seul objectif : arracher son secret au mystère de la matière. Il veut y trouver le fabuleux code secret dont il a entrevu l'existence : il a été le premier à affirmer sans retenue que tout ce que l'on peut voir et toucher (les cerises que l'on cueille dans l'arbre, les coquelicots qui poussent dans les prés, le sable que l'on fait couler entre ses doigts au bord d'une plage), toutes ces choses sont *codées* sous une forme algébrique au-delà du monde visible. Il a donc réfléchi en mathématicien. Et aujourd'hui il s'apprête à coucher sa nouvelle formule sur le papier.

*

Il vient d'être nommé à la tête de la puissante chaire de physique expérimentale, où il rencontre des gloires du laboratoire, notamment quelqu'un qu'il porte au pinacle depuis qu'il l'a rencontré à l'université de Berlin en 1867 : Hermann von Helmholtz.

Bien calé dans l'inextricable fouillis de son laboratoire, il vient justement de relire pour la troisième fois, ligne par ligne, un article écrit en 1854 par Helmholtz. Ce pur produit de l'aristocratie prussienne a commencé sa carrière comme médecin militaire puis, après une heureuse bifurcation, est devenu en 1871 professeur de physique à l'université de Berlin. C'est sans doute lui qui a donné au fameux Max Planck le goût de la thermodynamique, ce qui, plus tard, incitera le légendaire physicien allemand à plonger dans l'infiniment petit jusqu'à devenir le père de la mécanique quantique.

Mais qu'a donc écrit Helmholtz pour ébranler à ce point Boltzmann cette nuit-là ? Une véritable bombe ! Selon le savant allemand, il existe dans l'Univers quelque chose de très mystérieux qui, telle une ombre invisible, gouverne d'une main de fer le destin de tout ce qui existe, de la plus petite particule élémentaire jusqu'aux immenses amas de galaxies. Ce n'est ni une force, ni une énergie, ni une chaleur. Rien de tout cela. Comme pour se ressaisir et passer le plus vite possible à l'idée suivante, Boltzmann laisse filer ses doigts dans sa barbe. Il sait que cette « force » inconnue, si étrange – et que pas un de ses collègues ne comprend vraiment – a été découverte par le tout jeune Sadi Carnot, le fils de Lazare Carnot. Lazare, gaillardement surnommé « le grand Carnot », s'était débrouillé pour faire tenir plusieurs vies en une seule : physicien à ses heures, féru de calculs, mais aussi homme politique – membre du Comité de salut public, il avait voté la mort de Louis XVI – et surtout général de la grande armée napoléonienne. Plus ou moins englouti dans l'ombre de ce père colossal, le frêle Sadi s'est tout de même frayé un chemin vers l'École polytechnique en 1812, puis vers les Ponts et Chaussées dont il est sorti major. Perdu dans ses pensées, Boltzmann essuie machinalement ses lunettes. Il vient de réaliser que Sadi n'est autre que l'oncle de Marie François Sadi Carnot, lui aussi polytechnicien, qui s'est rendu célèbre pour avoir régulé le débit du lac d'Annecy (il sera même élu en 1887 président de la République française). Mais là n'est pas l'important. Ce que Boltzmann retient, c'est que Sadi Carnot, frais émoulu de l'École polytechnique en 1814, a mis très vite le doigt sur l'un des secrets les mieux gardés de la nature. Ce secret porte un nom tiré d'un ancien mot grec et qui signifie « transformation ». Un mot ingénieusement proposé par le théoricien allemand de la chaleur Rudolf Clausius en 1865 et qui fascine Boltzmann : *l'entropie* !

*

L'entropie !

Boltzmann rejette en arrière ses larges épaules, se lève et respire un bon coup. Dans sa tête, tout semble s'être arrêté. Il est encore sous le choc de ce qu'il vient de réaliser. Car dans son article de 1856, Helmholtz n'a pas pris de gants. Pour lui, l'Univers n'a qu'une seule issue : la *mort thermique*. Autrement dit, dans un avenir lointain, progressivement, les étoiles vont s'éteindre une à une et la température va baisser dans l'ensemble du cosmos, jusqu'à ce que, dans les ténèbres glacées, « tout soit condamné à un repos éternel ».

Qu'est-ce que cela peut bien vouloir signifier ? Boltzmann fait alors le compte des explications d'un bout à l'autre de son bureau. Et, soudain, il frappe son large front du plat de sa main. Comment n'y a-t-il pas pensé plus tôt ? Ce qu'a écrit Helmholtz ne peut signifier qu'une seule chose : l'entropie – c'est-à-dire le désordre – dans l'Univers ne peut aller qu'en augmentant. Jamais l'inverse ! Fébrilement, le savant autrichien retourne à sa table de travail et, d'une plume plus agile que jamais, se remet à écrire. Il sait qu'au bout des idées qui se bousculent dans sa tête il y a une sorte de clef. Une formule cachée, presque magique, qui, bien utilisée, pourrait permettre de tout expliquer dans l'Univers. Peut-être même de donner un sens à sa propre existence ! De plus en plus sur le qui-vive, à la recherche du moindre indice, le « gros bonhomme » (un surnom agaçant, que lui a attribué de force la belle Henriette, qu'il a épousée un an plus tôt) pousse loin les calculs et, au bout de plusieurs heures, c'est la victoire ! De l'enchevêtrement des équations a fini par jaillir une formule qui, depuis longtemps déjà – en fait depuis 1875 –, trottait dans sa tête. Une formule courte, nette, *merveilleuse* !

*

Ici, faisons ensemble une petite pause. Nous avons déjà évoqué dans d'autres ouvrages cette fameuse formule. Mais nous proposons à présent d'aller un peu plus loin, pour comprendre *vraiment*, dans les profondeurs, ce qu'elle veut dire. Car au moment où il l'inscrit sur une feuille blanche devant lui, Boltzmann pressent que cette suite de symboles contient bien plus qu'elle n'en a l'air. Quelque chose comme un secret brûlant, qui le hante depuis des années et qui touche à l'Univers tout entier.

De quoi s'agit-il ?

De l'une des découvertes les plus importantes de l'histoire. Si vous décidez de vous rendre un jour au *Zentralfriedhof* de Vienne, vous découvrirez alors, au détour d'un petit chemin bordé par des herbes sauvages, la tombe de Ludwig Boltzmann. Sur la pierre grise, vous pourrez lire, à demi effacée par la pluie, le vent et la poussière, une mystérieuse équation. De forme très brève, réduite à quelques signes, elle apparaît comme un éclair sur la pierre. Un zigzag de feu. Un tracé de foudre. En fait, cette étonnante équation en forme d'épitaphe est le testament de Boltzmann à toute l'humanité : une clef merveilleuse grâce à laquelle il devient possible de déchiffrer le formidable mystère du monde dans lequel nous vivons. En 1900, le grand Max Planck lui donnera sa forme définitive, éblouissante de profondeur, à tel point qu'Einstein ne cessera tout au long de sa vie de répéter que c'est « la formule la plus importante de toute la science ».

Que murmure-t-elle dans le silence des algèbres ? Un message mystérieux, encore peu compris de nos jours : l'entropie d'un système (par exemple un litre d'eau, une bouffée d'air ou bien encore une pomme) est égale au *logarithme* (souvenez-vous des calculs d'Euler) de la myriade d'états possibles des éléments microscopiques – en bref, les atomes – composant ce système. Le tout pondéré bien sûr par cette minuscule constante, à vrai dire effroyablement petite, qui porte le nom du physicien Viennois : la *constante de Boltzmann.* Plus simplement dit, l'entropie de quelque chose dépend du nombre d'états microscopiques de cette chose. Et ce qui, au passage, est tout bonnement saisissant dans cette formule, c'est qu'elle éclaire la mystérieuse relation entre les mouvements *réversibles* des éléments microscopiques (encore une fois, les atomes) qui tourbillonnent à l'intérieur d'une chose et l'évolution *irréversible* de cette chose à notre échelle. En somme, le désordre caractérisant tel ou tel objet ne peut aller qu'en augmentant. Jamais le contraire ! Et d'un seul coup, il devient facile de comprendre pourquoi, lorsque vous mettez du lait dans votre café, il vous est impossible de revenir en arrière. Vous aurez beau tourner à l'envers votre cuillère au fond de la tasse, jamais plus vous ne pourrez avoir le lait d'un côté et le café de l'autre !

*

Pour ceux qui parviennent à en saisir le sens, le message ne saurait être plus clair : ce qu'on appelle l'*entropie* – par exemple le « désordre » qui caractérise un fruit mûr sur le point de moisir et de se décomposer – dépend directement du nombre d'états microscopiques de ce fruit ! Comment comprendre une telle affirmation ? Une situation concrète nous permettra de saisir ce que Boltzmann avait en tête. Prenons par exemple une chambre parfaitement en ordre : si tous les objets qui sont à l'intérieur (les livres, les habits, les bibelots, etc.) sont bien rangés à leur place, le nombre des « états » de la chambre sera moins élevé : on trouvera les livres dans la bibliothèque, les habits dans l'armoire... En revanche, si cette même chambre est en désordre, le nombre des états de la chambre sera bien plus élevé : les livres pourront se trouver sous le lit, dans l'armoire, sur la table... de sorte que les états possibles des objets de la chambre sont extrêmement élevés. Lorsque l'on dit, sans y penser, qu'une chambre désordonnée se trouve « dans tous ses états », on ne fait que traduire dans le langage de tous les jours les convictions scientifiques de Boltzmann sur l'entropie.

*

Boltzmann jette un coup d'œil à sa montre. C'est l'heure. D'un pas pressé, il se hâte vers la salle des petits séminaires. Pousse la lourde porte de chêne ciré.

Et a un choc ! Dans l'assistance, il vient de reconnaître quelqu'un qu'il n'a jamais invité. Quelqu'un qu'il ne voulait surtout pas voir ici !

Ernst Mach !

Que fait-il encore ici, celui-là ? Boltzmann hésite un instant, figé dans l'entrée. Lui demander de quitter la salle ? Impossible ! Rembobinant ses nerfs à vif, il monte sur l'estrade, étale ses papiers et entame sa conférence.

Vingt minutes plus tard, après avoir essuyé une goutte

de sueur sur son front, le savant marque un temps puis, comme s'il allait plonger dans l'eau glacée, prend une longue inspiration avant d'asséner que les états de la matière dépendent du degré d'ordre des particules élémentaires qui la composent. Autrement dit, l'entropie représente une preuve directe de l'existence des particules élémentaires.

Mais chauffé à blanc, notre homme ne s'arrête pas là. Pour lui, la notion d'atome est vraiment universelle. La preuve ? Les nombres ont, eux aussi, leurs « atomes ». Ne l'oublions pas, quelques années plus tôt – de 1873 à 1876 –, Boltzmann a été professeur de mathématiques au sein de la très fière université de Vienne. Il sait combien font deux et deux et ce n'est pas à lui qu'on va raconter des histoires. C'est pourquoi ce jour-là, gonflant sa large poitrine, il martèle à grands coups de craie sur le tableau que les nombres entiers ont, comme toutes choses dans la nature, leurs atomes : ce sont ces indivisibles qu'on appelle les nombres premiers ! Et il termine par cette image fulgurante : tout comme les nombres premiers dansent dans le « gaz des nombres », les atomes dansent dans le gaz de la matière !

Le silence. Puis un murmure ondule dans la salle. Au dernier rang, Mach fronce les sourcils. Sa mâchoire est déjà ouverte, prête à aboyer. D'un bloc, il se lève alors et tonne du haut des gradins que les nombres premiers ont beau avoir de quoi tourner la tête, ils ne feront croire à personne que ces objets invisibles qu'on appelle

« atomes » composent la matière. Les nombres sont une chose, la matière en est une autre !

Une fois de plus, Mach a frappé.

Mais cette fois, Boltzmann ne se laisse pas impressionner. Rien – pas même les coups d'éclat de Mach – ne le fera dévier d'un pouce de ce à quoi il croit dur comme fer. Il sait que ses idées et celles de Riemann se donnent la main. Riemann du côté des nombres et lui du côté de la matière. C'est pourquoi, « en dessous » des particules matérielles constituées par les atomes, Boltzmann « voit » des entités mathématiques. Autrement dit, à chaque atome correspond une information. C'est ce qu'il lancera à la face d'un autre de ses ennemis irréductibles, Wilhelm Ostwald, lui aussi adversaire acharné des atomes : « Les atomes, les forces et les différentes formes d'énergie ne sont que des concepts mentaux[1]. » En somme, pour Boltzmann comme pour Galilée, pas le moindre doute : la réalité dans laquelle nous vivons est d'essence mathématique.

*

Aujourd'hui, la formule que nous venons de découvrir est devenue célèbre sous le nom de « formule de Boltzmann ». Or c'est elle qui va nous mettre sur la piste

1. Ludwig Boltzmann, « Reply to a lecture by W. Ostwald », in *Theoretical Physics and Philosophical Problems*, Brian Mc Guiness (éd.), Reidel Publishing Company, 1974.

physique de ce que nous cherchons : un « code » dans l'Univers. Pour nous faire une idée, écrivons-la en entier, telle qu'elle apparaît sur la tombe de Boltzmann :

$$S = k \log W$$

D'un seul coup d'œil, on peut voir que cette expression toute simple est profondément différente des formules habituelles de la physique. Il n'y est pas question de forces ou d'énergies mais de tout autre chose. Ce dont nous parle la formule de Boltzmann – l'entropie – est immatériel. Fidèle à ce que lui dicte son équation, le savant viennois a ainsi été le premier à soutenir (au risque de se faire écharper par ses collègues) que tout, absolument tout dans la nature est mystérieusement chiffré, et même *codé* !

Mais là où les choses deviennent passionnantes, c'est lorsqu'on applique cette formule à l'Univers tout entier. Qu'est-ce qui en sort ? Deux choses qui, au XIXe siècle, sont explosives, pour ne pas dire impossibles à croire. Tout d'abord, que l'Univers n'est pas éternel. Une conclusion difficile à avaler à une époque où tout le monde (ou presque) pensait encore que l'Univers était fixe et n'avait jamais eu de commencement. Et ensuite, qu'à son origine supposée (nécessairement des milliards d'années dans le passé), l'entropie de l'Univers devait inéluctablement atteindre une valeur minimale. Mais laquelle ? Lorsqu'il s'est posé la question en 1878, Boltzmann n'a pu trouver qu'une seule réponse : à l'origine, l'entropie de l'Univers devait obligatoirement être *nulle* !

Une entropie nulle à l'origine !

Boltzmann le sait, une entropie nulle pour l'Univers, cela veut dire qu'à l'instant initial, tout – absolument tout – dans le cosmos primordial était fantastiquement calculé. Ordonné. *Codé*. Par quel prodige ? Boltzmann a beau se creuser la tête, la réponse ne lui vient pas. En tout cas, pas en 1878. Mais quelque chose va se passer l'année suivante, en 1879. La découverte d'une nouvelle pièce du puzzle. Une pièce essentielle.

19

La loi du corps noir

Parmi les hommes que Boltzmann côtoie chaque jour, à l'université ou bien dans les tavernes dans lesquelles il va parfois faire un tour pour se détendre devant une bonne chope de bière, il y en a un qu'il admire et aime par-dessus tout. Cet homme, natif de Slovénie, Josef Stefan, a été son directeur de thèse à l'université de Vienne durant les années de miel de sa vie d'étudiant. Un esprit généreux, mathématicien quand il le faut et même poète à ses heures (ses œuvres ont d'ailleurs été publiées avec succès en Slovénie). Stefan lui-même a bien sûr ses propres maîtres, et l'un des plus influents dans sa trajectoire est un physicien allemand à la solide réputation, Gustav Kirchhoff.

Kirchhoff a gagné ses galons très tôt, alors qu'il n'était encore qu'étudiant, en découvrant les fameuses « lois de Kirchhoff » relatives au courant électrique. Très peu de temps après, il a franchi un nouveau cap en réalisant un exploit de taille en physique expérimentale : fonder la *spectroscopie*. En cette année 1879, il est professeur dans le département de physique de la puissante université de Berlin. Or dix-sept ans plus tôt, en 1862, il a réussi un coup d'éclat qui, de manière surprenante, a un rapport étroit avec notre fameux « code secret ». En effet, se posant tout un tas de questions face à des objets qui brillent dans le noir, il s'est mis en tête de formuler une loi universelle du rayonnement. Pour cela, il a imaginé un objet idéal, qui rayonne dans le vide, auquel il a donné le nom pittoresque de « corps noir ». Une appellation qui fleure de loin l'énigme à laquelle doit faire face le héros d'un conte fantastique. Malgré les quolibets de ses collègues, Kirchhoff est très fier de sa trouvaille.

Qu'est-ce qu'un « corps noir » ?

Un objet dont le rayonnement électromagnétique ne dépend que de sa température (un peu comme dans un four). Moyennant quoi, Kirchhoff a ouvert deux nouveaux chemins à la connaissance. Le premier – il faut bien le dire, assez spectaculaire – est celui qui a permis, sous l'impulsion de Max Planck en 1900, à la formidable mécanique quantique de s'ébranler et de se mettre en route. Mais la seconde voie nous concerne directement. Car elle a été empruntée par Stefan. Prenant appui sur les mesures du physicien – et brillant alpiniste – irlandais John Tyndall (dont les travaux lui ont valu le rare privilège d'être décoré de la *Royal Medal*), il énonce la première forme d'une loi selon laquelle le flux lumineux ou énergétique d'un corps noir est directement proportionnel à sa température (à une constante près, intitulée, bien sûr, constante de Stefan-Boltzmann).

*

C'est un premier pas. Mais pour franchir le deuxième – celui qui concerne directement la recherche de notre insaisissable « code » –, nous allons, une nouvelle fois, nous retourner vers celui que la belle Henriette Boltzmann vient, une fois de plus, d'appeler « mon gros bonhomme » en lui tapotant la joue. On le sait, sa puissance d'abstraction est retentissante. En deux temps trois mouvements (plus quelques nuits blanches et une bonne dose de jurons allemands), Boltzmann généralise en 1884 la loi de Stefan et lui donne au passage une base théorique solide.

Or, là où les choses deviennent vraiment passionnantes (tout en éveillant en nous une pointe de stupéfaction), c'est que cette loi du rayonnement d'un corps noir, désormais connue sous le nom de « loi de Stefan-Boltzmann », a un lien étroit avec les travaux d'Euler et de Riemann, travaux qui, pourtant, concernent uniquement les nombres !

Alors ? Par quel prodige ce lien entre la physique et les mathématiques peut-il donc apparaître (ou plutôt, refaire surface) en cette année 1888 ? Tout simplement par le biais de la désormais célèbre fonction Zêta de Riemann ! Aussi incroyable que cela puisse paraître, aussi *impossible*, cette fonction découverte par Euler et généralisée un siècle plus tard par Riemann, cette fonction qui donne accès – comme une clef – au monde si étrange des nombres premiers, ressurgit là où on ne l'attend pas. Au cœur d'une formule qui décrit l'énergie émise (sous forme de chaleur) par un corps noir ! Quelques lignes plus haut, nous avons indiqué qu'une constante de la physique, la constante de Stefan-Boltzmann, intervient dans la formule découverte par Stefan en 1879. En fait, cette quantité *multiplie* la température T. Or un rapide coup d'œil sur la forme de cette constante suffit à nous montrer qu'elle est calculée à partir de la fonction Zêta de Euler-Riemann. De quoi en avoir le souffle coupé.

Mais le prodige ne s'arrête pas là !

Dans les différentes formules générales de la magnifique loi de Stefan-Boltzmann, le flux d'énergie émis est directement proportionnel à la fonction Zêta ! Ceci mérite tout de même une explication, sans perdre une miette du caractère brûlant de ce que nous venons de mettre au jour.

*

Revenons à la magnifique formule que Boltzmann vient d'écrire sur le tableau noir. Elle est à ce point fondamentale que vous pourrez la retrouver un peu partout dans les livres ou dans les articles de physique et de mathématiques. Répétons-le : on parle ici de la forme générale de la fonction de distribution découverte par le génial Maxwell. Rien d'étonnant, donc, à ce qu'elle soit connue aujourd'hui sous le nom de « fonction de distribution de Maxwell-Boltzmann ». Et rien de surprenant non plus si le facteur exponentiel $e^{-\beta H}$ est aujourd'hui identifié comme étant le « facteur de Boltzmann ». Rappelez-vous, au passage, qu'on lui donne également un autre nom, qui a quelque chose d'à la fois mystérieux et poétique : le « noyau de la chaleur ».

Arrivés à ce carrefour, il nous faut revenir un instant sur une promesse que nous vous avons faite : vous divulguer le secret de β ! Vous vous souvenez sans doute qu'il s'agit de l'inverse de la température du système physique étudié (n'importe quel système). Mais cette fameuse fonction est plus que cela. Bien plus.

En réalité, elle débouche sur quelque chose que nous avons déjà mentionné et qu'en physique mathématique on appelle une « fonction de partition ». Ici, laissez-vous aller à une nouvelle question : qu'est-ce qu'une fonction de partition ? Entrons un peu plus dans les détails. Vous allez être récompensés car ce que vous vous apprêtez à découvrir établit un véritable pont – celui dont ont rêvé tour à tour Euler, Gauss et Riemann – entre la matière et les nombres. Un pont fascinant que nous allons emprunter ensemble.

*

Pour tout comprendre – et réussir à traverser le pont –, il vous suffit de savoir qu'une fonction de partition décrit, dans le monde physique de la matière, les propriétés *statistiques* d'un système (par exemple un gaz) en équilibre thermodynamique. Or, qui dit « statistique » dit « somme ». La fonction de partition, sous sa forme la plus générale, s'écrit donc comme la somme sur les différents états d'énergie du système étudié. Cette fonction est célèbre depuis Boltzmann chez les physiciens et prend la forme canonique que vous avez déjà découverte dans les chapitres précédents :

$$Z = \Sigma e^{-\beta H}$$

À présent, posons-nous cette question (qui a traversé à grande vitesse l'esprit de Boltzmann) : quelle est la condition pour laquelle notre fameuse fonction de partition peut s'annuler ? Réponse : lorsque la température (c'est-à-dire le paramètre β) devient *complexe* et s'écrit β_c ! Autrement dit, β_c a une composante réelle (β) et une composante imaginaire ($i\beta$), ce qui s'écrit $\beta_c = \beta + i\beta$. Ce très étrange phénomène a été montré pour la première fois en 1952 par deux physiciens de légende, Chen Ning Yang et Tsung-Dao Lee (les fameux « Yang et Lee »), co-lauréats du prix Nobel de physique en 1957. Et nous voici face à un petit « miracle ». Dans quelques instants, le paysage va s'éclairer magnifiquement.

En effet, souvenez-vous : l'exposant (noté *s*) de la fonction Zêta de Riemann est *complexe* – c'est sa grande découverte ! – et tous les zéros, toutes les solutions de cette fonction sont *a priori* situés sur une droite imaginaire appelée « droite critique ». Or, de la même manière, les zéros de la fonction de partition sont, eux aussi, situés dans le plan complexe ! Qu'allons-nous en déduire ? Tout simplement que la fonction Zêta de Riemann, qui touche uniquement les nombres, et la fonction de partition – qui concerne des objets physiques – sont, en fait, une seule et même chose ! Et c'est ici que se dessine le pont miraculeux reliant les phénomènes physiques aux phénomènes numériques, autrement dit : *un lien entre la matière et les nombres.*

*

Lorsqu'il découvre « sa » formule, Boltzmann réalise donc en un instant inoubliable qu'il existe bel et bien, depuis toujours, une relation plus que fondamentale – *fondatrice* – entre la matière et les nombres ! C'est sans doute ce qui l'a poussé à écrire, à peu près à cette époque : « Si l'on analyse le contenu ultime de toute matière, alors cette matière finit par se dissoudre en quelque chose d'impalpable[1]. » La nouvelle interrogation qui surgit ici est : de quoi est fait ce « quelque chose d'impalpable » ? Pourrait-il être à la base de notre fameux code ?

1. Carlo Cercignani, *Ludwig Boltzmann : The Man who Trusted Atoms*, *op. cit.*

Cette fois, pour aller plus loin, il va nous falloir le secours d'un mathématicien. Un vrai. Nous allons le rencontrer six ans après la découverte de Boltzmann. Et vous allez le voir, le voile va se déchirer un peu plus.

20

Le code des fleurs

Nous nous retrouvons par une tranquille journée de l'été 1891, dans la petite ville de Königsberg, en Prusse-Orientale.

Le soleil brille au-dessus des grands arbres brassés par le vent dans le parc de l'ancienne université. Les vacances sont passées par là et il n'y a presque plus personne dans les grands couloirs vides où glissent çà et là quelques bribes d'air frais. Il est un peu plus de cinq heures et, comme chaque fin d'après-midi, un jeune homme au regard arrondi par le cercle de ses lunettes pousse la grille de la garenne pour se dégourdir les jambes à l'ombre des allées. Son nom ? Adolf Hurwitz. Comme presque tout le monde à l'époque, son visage maigre est hérissé d'une courte moustache. Il ne paie pas de mine et pourtant, ses élèves le savent, c'est un redoutable mathématicien. Plus rapide que tous ceux qui, avant lui, ont noirci de formules les tableaux noirs des classes de sciences. Et surtout, il est bien plus fort que ses collègues. En fait, sans qu'il le sache vraiment, à trente ans à peine, Hurwitz est déjà l'un des plus fins mathématiciens de la vieille Europe. Peut-être même l'un des meilleurs du monde.

*

Pourtant, il s'en est fallu de peu pour que le petit Adolf devienne marchand de fripes et de vêtements, comme son père Salomon Hurwitz. C'était d'ailleurs le destin de la plupart des enfants juifs nés en Allemagne dans la deuxième moitié du XIXe siècle. Mais, par chance, Adolf est tombé au collège sur un professeur d'exception, Hermann Schubert. Très perspicace – et au passage plutôt fier de porter le nom du célèbre compositeur de *La Truite* –, celui-ci a très vite décelé l'incroyable talent de son élève. Allait-il le laisser sombrer dans l'arrière-cour d'un magasin perdu dans la banlieue de Hanovre, entre les manteaux élimés et les vieilles boîtes à chaussures ? Impensable ! Sans perdre de temps, Schubert se rend chez le père – pas toujours commode, celui-là – et tape du poing sur la table : Adolf sera mathématicien, ou rien ! Et son coup de force va porter ! Voilà qu'à dix-sept ans à peine, en 1877, Adolf Hurwitz tourne pour toujours le dos aux redingotes d'occasion. Pour atterrir où ? Dans les collines ensoleillées de Bavière, à l'université de Munich où il fait son entrée la tête haute. Car il a de la chance ! Sur recommandation du bon professeur, il est accepté comme élève par quelqu'un qui deviendra l'une des plus hautes figures du monde des mathématiques · Felix Klein.

Klein ! C'est avec lui qu'Adolf a soutenu sa thèse de doctorat en 1881. Depuis, il n'a jamais rompu le contact, bien au contraire. Et aujourd'hui, en 1891, peut-être ce géant de la pensée – sans doute le meilleur enseignant des mathématiques de son temps – a-t-il la solution ? Alors qu'il coupe à grandes enjambées par les sous-bois, Hurwitz fronce les sourcils. Depuis quelque temps, lui d'habitude si léger dans sa chemise de toile à manches courtes, se sent moins libre dans sa tête. Quelque chose le tracasse. Après la messe, comme tous les dimanches, il a bien essayé de se changer les idées en jouant pour la fille du doyen des valses de Chopin sur le grand piano à queue de l'université. Mais rien à faire ! Le mystère qui, depuis plusieurs jours, l'empêche de dormir est là. Et bien là.

Quel est donc ce mystère ?

Pour en savoir plus, il nous faut revenir quelques semaines en arrière. Un beau matin de juin 1891, avant de retrouver ses collègues au réfectoire, Hurwitz s'était amusé à cueillir une dizaine de fleurs sauvages dans la grande prairie entourant l'université. Tout en flânant dans le parc, sans trop y penser, il s'était mis à compter machinalement les pétales sur son bouquet. Et soudain, en parcourant chaque pétale de son index, il avait alors réalisé que les fleurs dans sa main avaient toutes 3 pétales, 5 ou encore 8. Mais jamais 4 pétales, ni 6 ni 7.

Ni 10. Même chose pour les marguerites, les roses ou les boutons d'or plus loin sur la pelouse.

Pourquoi, grands dieux ?

Par quel miracle les pétales des fleurs – pas seulement à Königsberg mais dans le monde entier – semblent-ils obéir à cette étrange suite de nombres, toujours la même ? Comme si une loi venue de nulle part, une sorte de main invisible, contrôlait rigoureusement le nombre de pétales sur chaque fleur d'un bout à l'autre du monde, et peut-être même jusqu'au fin fond de l'Univers !

*

Alors qu'il s'enfonce dans les fourrés, loin des allées taillées du parc, Hurwitz est de plus en plus convaincu qu'il y a bel et bien un mystère derrière les innocentes fleurs des champs. Mais quoi ? Voici plus d'un mois que le jeune mathématicien se pose cette question. Sans le moindre succès. Hurwitz plisse son large front. À présent qu'il est en vacances, il se dit qu'il va avoir plus de temps pour y penser. Et peut-être pour trouver un début de réponse. Bien sûr, il a presque tout de suite réalisé que la suite de nombres à laquelle obéissent les pétales n'est autre qu'une série découverte au Moyen Âge par un mathématicien de génie, Leonardo Fibonacci. Et quel mathématicien ! C'est lui qui, dans un traité publié en 1202 sous le titre accrocheur *Livre de calcul*, a introduit en Occident les fameux chiffres arabes, les bons vieux chiffres avec lesquels vous avez appris à calculer, le 0, le 1, le 2, le 3, etc. D'un seul coup, les chiffres romains, si difficiles à manier, sont balayés à tout jamais. Fibonacci va-t-il s'arrêter en si bon chemin ? Bien sûr que non ! Sans reprendre son souffle, il lance sur le marché du calcul le fantastique système décimal, celui que vous utilisez aujourd'hui du matin au soir en comptant sur vos doigts.

Mais il y a bien plus encore. Tout en pénétrant de plus en plus loin dans le monde sans fin de ces chiffres arabes qui le fascinent, Fibonacci a découvert quelque chose qui touche au mystère des pétales des fleurs. Ce quelque chose est une suite qui porte son nom et fait penser à une sorte de code secret : la suite de Fibonacci. À quoi ressemble-t-elle ? C'est tout simple : il suffit de partir de 1 et de rajouter le chiffre qui précède, c'est-à-dire 0. On obtient ainsi 1. Les trois premiers chiffres de la fameuse suite sont donc 0, 1 et 1. Et ensuite ? On applique tout simplement le même procédé : 1 plus 1 donne 2, puis 2 plus 1 donne 3 et ainsi de suite. La suite de Fibonacci n'est donc autre que 0, 1, 1, 2, 3, 5, 8, 13, 21, 34... Qu'est-ce que cette suite a à voir avec les fleurs ? C'est là que commence l'épais mystère qui attire tant Hurwitz : chaque chiffre de la suite correspond à un nombre possible de pétales : certaines fleurs ont 1 pétale, d'autres en ont 2 ou 3 ou encore 5 ou 8, mais jamais 4 ou 10 ou encore 15 ou 23 !

Mais encore une fois, comment est-ce possible ? Une chose est sûre : le nombre de pétales des fleurs ne doit rien au hasard !

Mais si le hasard n'est pas le chef d'orchestre, qui – ou quoi – occupe le devant de la scène ?

21

Le premier secret du nombre d'or

La première réponse qui tombe sous la main d'Hurwitz est que cette suite décidément bien étrange a une relation profonde avec la constante la plus énigmatique de tous les temps, un nombre qui traverse le ciel des mathématiques mais que l'on croise aussi dans la nature. Comment trouver ce fameux nombre ? Tout simplement en calculant le rapport entre deux nombres successifs de la suite de Fibonacci. Par exemple 21 divisé par 13. Ou encore 55 divisé par 34. Qu'allez-vous obtenir au bout du compte ? Un nombre sans fin, célèbre depuis l'Antiquité, autour duquel flotte un parfum de mystère : le *nombre d'or*.

Or ici vient le plus étonnant. Quelque chose qui laisse Hurwitz bouche bée : cette fameuse constante semble « régler » la marche des choses. On la retrouve à tout bout de champ. Un exemple ? Prenez le banal chou-fleur. À première vue, l'on pourrait croire que la forme du célèbre bourgeonnement blanc qui émerge des feuilles est due au hasard. Or il n'en est rien : on retrouve dans l'architecture des volutes végétales des « spirales d'or » dont le dessin parfait dépend strictement du nombre d'or. Au fil des jours, Hurwitz découvre combien ce nombre pas comme les autres est omniprésent dans la nature. Et combien il est étrange. Comme s'il s'agissait d'une sorte de « clef secrète » permettant d'ouvrir certaines portes interdites. Mais comment y voir plus clair ? Peut-être en se tournant vers son ancien directeur de thèse, Felix Klein. Après tout, se dit Hurwitz, lui aussi s'intéresse de près au nombre d'or.

*

En cette année 1891, ce savant à la haute silhouette et au regard bleu ciel est plongé jusqu'au cou dans la direction scientifique de l'université de Göttingen, petite ville du Moyen Âge perdue entre deux collines en Basse-Saxe. Son but ? Faire de Göttingen le premier centre mathématique du monde. Organisateur hors pair, Klein (en compagnie du génial David Hilbert) fait peu à peu de Göttingen un véritable empire qui domine de loin toutes les autres universités de la planète. Mais malgré cette tâche écrasante, Klein se débrouille tout de même pour garder un peu de temps pour lui. Souvent, vers minuit, alors que tout dort dans l'université, il se plonge à la lueur de sa lampe à pétrole dans les méandres de ce nombre si différent de tous les autres.

Tout cela, Hurwitz le sait. Et un soir, il finit par lui rendre visite dans son fief. Très vite, une fois le dîner expédié, la discussion s'enflamme et tombe sur une question magistrale : le nombre d'or pourrait-il contenir la clef permettant de réunir les cinq branches des mathématiques ? Mieux encore : cette clef pourrait-elle être une sorte de « code » à portée universelle ? Klein se souvient qu'au début du XVIIe siècle, Galilée a marqué à tout jamais l'histoire des idées en lançant : « La nature est écrite en langage mathématique. » Dans ce cas, la constante d'or pourrait-elle être une composante essentielle de ce langage ? Klein sait que son élève est de taille à affronter le mystère du nombre d'or. Tapant sur l'épaule de son ancien élève, le maître de Göttingen l'engage alors à pousser plus loin ses recherches, en entrant d'un pas ferme dans cette terre inconnue qu'est le nombre d'or.

*

Courageusement, Hurwitz se met à l'ouvrage. Et, comme à son habitude, il va droit au but. Noircissant au fil des semaines des centaines de pages de calculs, il s'enfonce sans relever la tête dans l'épaisse forêt des nombres. Ses seuls moments de répit sont les interminables promenades avec David Hilbert et Arnold Sommerfeld. En compagnie de ces deux jeunes prodiges des mathématiques et de la physique, il bavarde sans fin de la fameuse constante et des mystérieux secrets qu'elle renferme à l'infini de ses décimales. Et au début de l'automne, c'est le miracle. Hurwitz a enfin trouvé quelque chose ! Il le sait, son résultat va faire date. Aussitôt, il adresse un article à Klein qui comprend à son tour que son élève a débusqué quelque chose d'important. Quelque chose qui – pourquoi pas – pourrait bien faire partie du fameux « langage mathématique » dont Galilée a parlé deux siècles plus tôt à propos de la nature. En somme, un fragment du « code » de l'Univers. Klein prend donc les choses en main et s'empresse de faire publier l'article de son ancien élève dans les *Annales de mathématiques*, la revue la plus prestigieuse de l'époque. Intrigués, les lecteurs – tous mathématiciens – découvrent alors au milieu d'une forêt d'équations un théorème qui fait sensation : non seulement le nombre d'or est irrationnel (ce qui veut dire qu'il est impossible de le représenter par le rapport de deux entiers), mais, encore pire, c'est le plus irrationnel de tous les nombres irrationnels ! Ce nombre envoûtant s'écrit 1,618 033 988 749 suivi d'une ribambelle de chiffres, jusqu'à l'infini. Impossible d'écrire sous la forme d'une fraction ce nombre indomptable dont les décimales s'enfuient aussitôt qu'on tente de les calculer.

*

Chaque soir, au réfectoire de l'université, les trois amis parlent sans fin de ce mystère. En somme, en regardant les formules, on a la preuve que le nombre d'or existe, mais il reste inconnaissable. Ou plutôt, lance

Hilbert en riant, on ne peut vraiment le connaître que si on touche l'infini !

Faisons le point. Ce qu'a découvert Hurwitz est loin d'être banal. En fait, cela nous pose une question profonde : que veut donc « dire » ce nombre étrange que l'on retrouve partout, plus ou moins caché, plus ou moins visible, dans tout l'Univers ?

22

La fonction Zêta de Hurwitz

Ce soir-là, Hurwitz est aux anges.

Il a joué durant toute la matinée ses pièces préférées de Bach au piano, fenêtre ouverte en grand sur le parc. Et comble de la joie, en descendant de son tabouret, il trouve sur son bureau une lettre de son ami de toujours, Luigi Bianchi.

Élève du grand géomètre Enrico Betti (le père des fameux « nombres de Betti »), il a pris la relève et est devenu en quelques années l'un des plus importants leaders de l'école italienne de géométrie. Hurwitz et lui se sont rencontrés à l'université de Munich en 1877. Ils ne se sont jamais revus depuis – et ne se retrouveront jamais face à face pour le reste de leur vie –, mais ils s'envoient régulièrement de longues lettres où ils se parlent de tout et de rien. De leur longue amitié. Et de mathématiques.

Et une fois de plus, Bianchi lui a redonné du cœur au ventre.

En effet, dans le fil de ses réflexions sur le nombre d'or, Hurwitz a demandé à son ami s'il pense comme lui.

Si, dans l'Univers, il existe bien quelque chose comme un code invisible, enchâssé au cœur de la matière. En guise de réponse, le grand géomètre italien lui a proposé de réfléchir à ces nombres sur lesquels reposent tous les autres nombres, quels qu'ils soient : les nombres premiers.

*

Les nombres premiers !

Les revoilà ! Entre eux et Hurwitz, c'est une vieille histoire. Comme tous les mathématiciens du monde, le jeune homme se sent parfois comme ensorcelé par leur mystère. Pour en avoir parlé à longueur de nuits avec Felix Klein et David Hilbert, il est à présent convaincu – au-delà de toutes les démonstrations imaginables – que les « premiers », comme il les appelle, non seulement occupent la première place dans le monde des nombres mais détiennent aussi le premier rôle dans l'Univers physique. Tout en fouillant dans ses affaires pour retrouver son carnet – celui sur lequel il note ses calculs les plus importants –, Hurwitz se dit que si les nombres premiers servent aussi de briques à la matière, alors ils sont tout sauf livrés au hasard ! Et dans ce cas, pense-t-il en ouvrant son cahier à la bonne page, ils doivent obéir à une formule mathématique qui décrit l'ordre qui leur est propre. Mais laquelle ?

Tout à coup, il frappe la table du plat de sa main.

La fonction Zêta de Riemann ! Comment n'y a-t-il pas

pensé plus tôt ? Le jeune mathématicien pousse un cri de joie. C'est elle, bien sûr, la clef ! C'est cette fonction si étrange mais si puissante qui – il en est certain – permet si ce n'est de tout comprendre, du moins d'entrevoir ce qui se passe de l'autre côté de la matière. Survolté à cette idée, Hurwitz se précipite d'un bond vers le fond de sa bibliothèque, là où s'entassent pêle-mêle, en haut des étagères, ses anciens articles. L'instant d'après, il brandit un journal vieux de dix ans, dans lequel se trouve publié en bonne place un article qu'il retrouve avec une excitation fébrile. Un article qui, il le sait, contient une partie de la réponse à la question qu'il s'est posée à propos de l'existence d'un possible « code » dans la matière.

Qu'y a-t-il dans cet article ?

Pour le savoir, il nous faut remonter à un lointain mois d'octobre 1882.

*

Hurwitz n'a alors que vingt-trois ans. L'année précédente, il a soutenu avec brio sa thèse de doctorat et, dans la foulée, obtenu son habilitation, toujours sous la direction du grand Felix Klein. Désormais, il est prêt à se colleter avec les questions les plus profondes. Et c'est ce qu'il a fait dans l'article qu'il tient en main, daté du 10 octobre 1882. Sans surprise, on peut y lire à propos de la déjà célèbre fonction Zêta de Riemann : « Je suis parvenu à une forme générale, de la même simplicité que celles trouvées par Schlömilch et Riemann, qui n'apparaissent être que des cas particuliers. Cette forme générale pourrait être d'un intérêt tout particulier, compte tenu de ses liens avec les fonctions jouant un rôle substantiel dans les profondes investigations de Dirichlet concernant (...) la progression arithmétique des nombres premiers[1]. »

Nous voici donc, une nouvelle fois, face aux nombres premiers. Comment ce tout jeune garçon à peine sorti de l'adolescence qu'est alors Hurwitz s'y est-il pris pour rattraper les nombres premiers et encoder leurs principales caractéristiques dans une formule ? Tout simplement en prenant la fonction Zêta de Riemann. Il l'a étudiée pendant plus d'un an, juste après la soutenance de sa thèse, de 1881 à 1882. Et, en octobre de cette année-là, il la connaît comme sa poche, ce qui lui a permis d'en trouver une forme plus générale. À partir de quoi il a pu, tout comme Riemann vingt-trois ans auparavant, formaliser ce qui se passe chez les nombres premiers : leur distribution a beau sembler totalement chaotique, en réalité elle ne doit *rien* au hasard !

Forts de cette victoire acquise en 1882, nous pouvons à présent revenir là où nous avons laissé notre virtuose du piano et des nombres, en cette soirée de 1891, et examiner la question qu'il est en train de se poser : quel est le lien entre les nombres premiers et les nombres de Fibonacci, ceux du nombre d'or ? Autrement dit,

1. Adolf Hurwitz, *Zeitschrift für Mathematik und Physik*, Teubner, 1882.

ce fameux nombre qui encode le nombre de pétales de toutes les fleurs du monde fait-il, d'une manière ou d'une autre, partie d'un « code » plus général, réglant la marche de l'Univers tout entier ?

*

Avant de répondre à cette question, il nous faut comprendre en quoi la généralisation de la fonction Zêta découverte par Hurwitz est importante. Décisive, même. Pour cela, il faudra attendre plus d'un demi-siècle, jusqu'en 1936. À cette date, deux brillants mathématiciens, Harold Davenport, un chercheur anglais célèbre pour ses travaux en théorie des nombres, et Hans Heilbronn, un théoricien germano-canadien qui, lui aussi, est passé par Göttingen, ont publié un article qui montre avec une grande clarté que la fonction Zêta de Hurwitz (notée $\zeta(s, \alpha)$, s étant, comme chez Riemann, un nombre complexe de la forme $a + ib$) a une infinité de solutions (correspondant aux fameux zéros cherchés par Riemann) sur la désormais célèbre droite critique. Y sont-ils tous ? Là, le mystère reste encore entier aujourd'hui. Mais les progrès sont là : par une voie plus générale, Hurwitz a donc montré qu'il existe une infinité de nombres premiers sagement répartis sur une droite, jusqu'à l'infini. Le hasard n'y est pour rien. Ce faisant, il fournit un argument de plus en faveur de l'hypothèse de Riemann et a bel et bien touché quelque chose du secret de l'énigmatique fonction qui « code » les éléments numériques de notre Univers.

*

Mais à présent, revenons à la question du nombre d'or – tellement présent dans la nature – et de son lien avec les nombres premiers.

Tout d'abord, commençons par quelque chose de tout simple. On l'a vu, le nombre d'or n'est pas un nombre entier (puisqu'il est le rapport entre deux nombres successifs de la suite de Fibonacci). En revanche, les nombres de Fibonacci, eux, sont des nombres entiers. Au moment où cette modeste remarque traverse sa tête, Hurwitz se gratte la nuque. Il réalise sans tarder que les nombres premiers sont inévitablement présents, de manière invisible mais aussi pleinement visible dans la suite de Fibonacci. Tout d'abord, il existe des nombres de Fibonacci qui sont premiers. Par exemple 3, 5 ou 13 sont bien des nombres de la suite de Fibonacci mais ce sont aussi des nombres premiers. Les mathématiciens les appellent des « nombres premiers de Fibonacci ». Mais ce n'est pas tout. Il existe une infinité de nombres de Fibonacci qui ne sont pas premiers. Qu'à cela ne tienne ! En effet, dans la mesure où tout nombre entier se décompose, de manière unique, en un produit de nombres premiers, cela veut tout simplement dire que tous les nombres de Fibonacci, sans exception, cachent en eux des nombres premiers !

Face à cette conclusion, Hurwitz se frotte les mains. En effet, il tient la solution à la question soulevée à propos du nombre d'or. Pourquoi ? Parce qu'il vient de réaliser qu'en réalité, derrière les nombres de Fibonacci, ce sont bien les nombres premiers – encore et toujours eux – qui tirent les ficelles ! Ce sont eux qui, à la fois visibles en pleine lumière mais aussi invisibles sous leur camouflage, contrôlent le nombre des pétales des fleurs, les spires des coquillages, les motifs des pommes de pin, la forme des choux-fleurs et bien d'autres choses dans la nature.

D'ailleurs, Hurwitz débusque au passage d'autres pierres précieuses qui scintillent sous ses yeux émerveillés et jettent une lueur étrange sur la liaison entre les nombres premiers et les nombres de Fibonacci. Par exemple, chaque troisième nombre de Fibonacci est un nombre pair ! Voici la suite de Fibonacci :

1 1 **2** 3 5 **8** 13 21 **34** 55 89 **144** 233 377 **610**...

Tous les trois nombres, vous trouvez dans cette suite un nombre pair ! 2 est le premier. Puis 8, 34, 144, 610 et ainsi de suite, jusqu'à l'infini. Bien entendu, ces nombres sont tous divisibles par 2 (qui est le premier nombre premier). Le phénomène est étonnant. Mais le plus surprenant, c'est que la succession bien réglée de ces nombres de Fibonacci est contrôlée par le nombre 3 qui, bien sûr, est premier !

Voici un autre exemple, tout aussi curieux. Tout cinquième nombre de la suite de Fibonacci est divisible par cet autre nombre premier qui est... 5 et qui n'est autre que le cinquième nombre de la suite de Fibonacci ! Si vous reprenez la suite ci-dessus, il vous suffit d'un coup d'œil pour voir que le cinquième nombre de la suite est 5, que cinq nombres plus loin (c'est-à-dire au dixième rang) on tombe sur 55, puis, encore cinq nombres de plus (au quinzième rang) on trouve 610... Tout comme dans le cas précédent, le résultat a quelque chose de sidérant, loin de s'expliquer facilement : les nombres 5, 55 et 610 et ainsi de suite jusqu'à l'infini sont *tous* divisibles par 5.

Mais à présent, que se passe-t-il tous les six nombres de la suite de Fibonacci ? Là encore, nous n'échapperons pas aux nombres premiers. En effet, dans la suite ci-dessus, le sixième nombre est 8. Puis vient, six rangs plus loin, 144 puis, encore au-delà, 2 584. Que remarquez-vous ? Même phénomène : tout sixième nombre de Fibonacci est divisible par le sixième nombre de Fibonacci (ici 8). 8 est divisible par le sixième nombre (lui-même). 144 est divisible par 8. Puis 2 584 est divisible par 8, etc. Ici, ni 6 ni 8 ne sont premiers. Mais nous retombons aussitôt sur nos pieds puisque 6 = 2 × 3 et que 8 = 2 × 2 × 2 qui, eux, sont bien premiers !

Mais cette surprenante liste est loin d'être finie ! Au fur et à mesure qu'il pourchasse les relations entre nombres premiers et nombres de Fibonacci, Hurwitz va de surprise en surprise. Des calculs tout simples lui montrent ainsi que tout nombre premier qui est aussi un nombre de Fibonacci (donc un nombre premier de Fibonacci) occupe, dans la suite de Fibonacci, un rang qui correspond à un nombre premier ! Par exemple, 2 (qui est un nombre premier de Fibonacci) occupe le troisième rang (3 est premier), 5 est au cinquième rang (5 est premier). Après 5, le nombre premier de Fibonacci suivant est 13. Il est au septième rang. Et là encore, 7 est un nombre premier ! Et il en va ainsi pour tous les nombres premiers de Fibonacci, jusqu'à l'infini : ils occupent tous, sans la moindre exception, un rang qui correspond à un nombre premier. Comme si les nombres premiers contrôlaient d'une main de fer l'ordre d'apparition des nombres premiers dans la suite de Fibonacci. Étrangement, au milieu de cet océan infini de nombres premiers de Fibonacci, il n'existe qu'une – et une seule – exception : celle du nombre 3, qui occupe le quatrième rang. Pour quelle raison ? Jusqu'ici, aucune réponse n'a pu être apportée par les mathématiciens à ce nouveau mystère.

*

Pendant plusieurs semaines, Hurwitz suit en pente douce le même raisonnement. Il a tôt fait de conclure qu'on retrouve les nombres premiers bien au-delà de la suite de Fibonacci et du nombre d'or. Un exemple ? Prenons les flocons de neige. Ils sont formés à partir de cristaux parfaitement symétriques, qui semblent dessinés à la règle par un géomètre de génie. Leur forme ? Elle est hexagonale. Même s'il n'existe pas dans l'Univers deux cristaux de neige rigoureusement semblables, en fait, ils sont tous dotés de six pointes. Sans exception. Mais qu'est-ce que le nombre 6 ? Tout simplement le produit de deux nombres premiers 2 × 3. Résultat : une fois de plus, on retrouve les nombres premiers – ici les nombres 2 et 3 – au cœur de la nature !

Tout cela donne un peu le vertige à Hurwitz. Car en mathématicien surdoué qu'il est, il prend d'un coup de la hauteur. S'élève au-dessus des nombres premiers. Pour trouver quoi ? La fonction qui engendre les nombres premiers et code peut-être leur répartition dans l'Univers des nombres. Mais aussi dans la nature. Dans l'Univers tout entier. Cette fonction, c'est bien sûr la fonction Zêta de Riemann. Une nouvelle fois !

Hurwitz le sait, cette fonction Zêta (qui est un cas particulier de « sa » fonction à lui) donne accès à un ordre profond, implacable, au cœur de tous les nombres, quels qu'ils soient. Et à partir de là, pense Hurwitz, on est tenté d'en déduire que la fonction en question permet également d'accéder à la réalité d'un ordre profond dans la nature elle-même. Autrement dit, dans le monde physique. Mais pour cela, poursuit Hurwitz pour lui-même, encore faut-il parvenir à démontrer l'hypothèse de Riemann. Et, en 1891, ce n'est toujours pas fait !

Alors ?

*

Du temps a passé, sans apporter de réponse. Une nuit de 1899, Hurwitz et Hilbert sont en train de travailler au tableau noir dans l'une des salles de Göttingen réservées aux étudiants en thèse, comme au bon vieux temps. Ils célèbrent à leur manière, avec un peu de schnaps et à grands coups d'équations, la dernière année du XIXe siècle. Le vent s'est mis à souffler en tempête derrière les fenêtres. Comme les heures approchent lentement de minuit, Hurwitz pose sa craie et sert une rasade de schnaps à son ami qui ne s'est pas séparé de son légendaire chapeau de toute la soirée. La discussion a commencé à rouler autour de la fonction Zêta et des nombres premiers. D'un possible « code » général qui pourrait exister au sein de la nature. Mais l'hypothèse de Riemann est plus dure que n'importe quel rocher. Au seuil du XXe siècle, aucune des innombrables tentatives n'a réussi. Soudain, Hurwitz a une idée et se tourne d'un bloc vers Hilbert. Pourquoi ne lancerait-il pas un défi à la communauté mondiale ? Celui de résoudre enfin la redoutable hypothèse de Riemann ?

Un défi lancé au monde entier !

Un fin sourire se dessine dans la barbe bien taillée de Hurwitz. Son idée ne va pas tomber dans l'oreille d'un sourd.

23

Le congrès de 1900

Ce matin du 8 août 1900, la chaleur écrase Paris.

On a ouvert en grand les fenêtres à double battant de la vaste salle des Actes de la Sorbonne pour faire passer quelques lames de fraîcheur entre les gradins cirés. L'un des plus grands mathématiciens du monde vient de s'asseoir derrière le pupitre perché sur l'estrade. Son nom ? David Hilbert.

Hilbert !

Une fois de plus, un Allemand. Une fois de plus, l'un des princes de la première université du monde pour les sciences à cette époque : Göttingen !

Hilbert toise la salle. Malgré ce soleil qui brille à la verticale des ombres, les bancs bien lustrés sont presque tous occupés. C'est bon signe. Finalement, ce congrès de mathématiques organisé en plein mois d'août n'aura pas trop souffert de la rude concurrence de l'Exposition universelle.

Encore un raclement pour s'éclaircir la gorge et Hilbert se lance. Dès la première phrase, c'est la surprise : « Qui de nous ne serait pas heureux de lever le voile derrière lequel se cache l'avenir, de jeter un coup d'œil sur les progrès futurs de notre science et les secrets de son développement au cours des siècles à venir[1] ? »

Un bruissement indistinct se propage furtivement entre les gradins. Mais très vite, le silence retombe sur les savants à cols cassés. Ils sont médusés. Car sur un ton sans appel, Hilbert vient de faire l'inventaire le plus étrange qu'ils aient jamais entendu. Vingt-trois problèmes horriblement difficiles, jusqu'alors sans la moindre solution, et qu'il va léguer aux générations suivantes, celles du XXe siècle. Vingt-trois labyrinthes dans lesquels se sont perdus des milliers de mathématiciens. Sans jamais trouver la sortie.

*

Parmi ces fameux « vingt-trois problèmes de Hilbert », comme on les appelle aujourd'hui, il y en a un qui fascine le grand mathématicien allemand plus que tous les autres. C'est le huitième problème de la liste : l'hypothèse de Riemann. Au moment où Hilbert la présente à la Sorbonne, elle reste tout aussi mystérieuse que lorsque Riemann l'a proposée dans son célèbre article, quarante et un ans plus tôt. Or, pour Hilbert, si cette hypothèse est démontrée

1. Conférence de Hilbert au deuxième congrès international des mathématiciens (1900). Voir http://aleph0.clarku.edu/~djoyce/hilbert/problems.html.

un jour, cela voudra dire que les nombres premiers *n'apparaissent pas au hasard* dans l'interminable défilé des nombres entiers. Et si un ordre invisible guide leur surgissement jusqu'à l'infini, cela veut dire que la nature elle-même est elle aussi réglée, ajustée, paramétrée jusqu'à l'infini ! Aussi Hilbert indique-t-il sans détour ce matin-là sa feuille de route. Déchiffrer l'ordre qui se cache dans la mystérieuse formule de Riemann : « Nous devrions déterminer en quoi la condensation occasionnelle des nombres premiers mise en évidence dans le comptage de ces nombres est réellement due aux termes de la formule de Riemann[1]. » Voilà qui est parlé !

Mais notre homme le sait, la tâche est aux limites de l'humain. La preuve ? Malgré les efforts furieux de dizaines de milliers de mathématiciens de génie de par le monde, en dépit des assauts répétés chaque jour depuis plus d'un siècle et demi, la redoutable hypothèse n'a pas bougé d'un millimètre. Tel un granit face au vent, elle ne cède rien et reste muette. Pressentant obscurément que le mystère ne serait pas résolu de sitôt, Hilbert a lancé cette question aujourd'hui mythique : « Si je devais me réveiller après avoir dormi mille ans, ma première question serait : est-ce que l'hypothèse de Riemann a été démontrée[2] ? » Car l'hypothèse de Riemann reflète, dans son énoncé à la fois si simple et si mystérieux, l'image

1. David Hilbert et W. Ackermann, *Principles of Mathematical Logic*, American Mathematical Society, 1999.

2. *Ibid.*

de ce que Hilbert, après le grand philosophe Leibniz, appelle « l'harmonie préétablie » entre les nombres et la réalité matérielle. C'est sans doute pour cela qu'en cette lointaine matinée de l'été 1900, il a ouvertement mentionné – en tête –, dans son impressionnante présentation des vingt-trois problèmes, l'existence d'une « harmonie préétablie entre mathématiques et physique ».

Une « harmonie préétablie » !

Entre quoi et quoi ? Justement : entre le monde solide de la matière et celui, impalpable, des nombres ! Cette ferme conviction – qui tient bien plus de la raison que de la foi – est en réalité partagée par tous les collègues de Hilbert à Göttingen. Par Minkowski (l'inoubliable découvreur de la géométrie de l'espace-temps), par Klein (l'ami de toujours, le tout-puissant maître de l'université), par Hurwitz (l'attachant explorateur de la fonction Zêta), par Sommerfeld (celui qui a découvert cet étrange nombre pur qui règle la force électromagnétique), par Weyl (qui a poussé loin l'exploration des nombres premiers) et par bien d'autres. Tous ressentent cette mystérieuse correspondance au détour de leurs calculs. À tel point que lorsque, en 1919, la théorie de la relativité se voit apporter une première preuve par l'observation de la lumière du soleil, Hilbert lance avec enthousiasme : « On est conduit vers une impression d'harmonie préétablie. Nous devons faire face au fait remarquable que la matière semble obéir totalement et pleinement au formalisme mathématique. Une correspondance insoupçonnée entre réalité et pensée est ici manifeste, ce que nous devons provisoirement accepter comme un miracle[1]. »

Un miracle ! Prononcé par quelqu'un du calibre de Hilbert, le mot porte très loin. Et il nous oblige à nous poser cette nouvelle question : d'où vient cette fameuse harmonie préétablie ? Si notre réalité est bel et bien « codée », quelle est donc la grille qui permet de la déchiffrer ?

Lorsque le congrès de Paris prend fin en ce beau mois d'août 1900, Hilbert sait que la réponse se trouve quelque part dans l'océan des nombres. Mais où ? Il semble que l'énigme se resserre autour de l'hypothèse de Riemann. Faisons un saut jusqu'au début du XXe siècle pour en savoir plus.

---

1. L. Corry, *David Hilbert and the Axiomatisation of Physics*, Springer, 2004.

24

La conjecture de Hilbert-Pólya

Quatorze ans ont passé depuis que Hilbert a établi, en août 1900, son impressionnante liste des problèmes du siècle. Parmi ces immenses montagnes mathématiques, il y en a une plus haute, plus redoutable que toutes les autres : l'hypothèse de Riemann.

Nous voici donc de retour à Göttingen, en janvier 1914. Le monde n'est pas encore entré dans le feu brûlant de la guerre. À l'université, les bruits venus du reste du monde sont étouffés par la neige, épaisse cette année-là. Tout est calme. Comme chaque matin avant le lever du jour, David Hilbert est déjà installé à son bureau, en train d'aligner à grande vitesse des calculs qui dansent à la lueur de sa lampe à pétrole. Tout à coup, sa plume interrompt sa course échevelée.

Elle vient de tracer les inoubliables symboles de la fonction Zêta de Riemann !

Hilbert se lève pour donner de l'air à ses idées. Depuis sa fracassante conférence de Paris, il n'a cessé de penser à la fabuleuse hypothèse.

Mais comment la démontrer ?

Jusqu'alors, tous ceux qui ont essayé, même les meilleurs du monde, ont échoué. Tous, parmi la fine fleur des mathématiciens, s'y sont durement usé les ongles pour, finalement, s'y casser les dents.

Mais n'y a-t-il pas *quand même* une solution ?

Hilbert est de ceux qui pensent dur comme fer que tout problème a une solution, quelle que soit sa difficulté. Pour preuve, il ne cesse de répéter à qui veut l'entendre (et aussi à tous ceux qui font la sourde oreille) sa célèbre devise, que l'on trouve aujourd'hui gravée dans la pierre sous son buste à Göttingen : « Nous voulons savoir ! Nous allons savoir ! » Il en est donc certain, un jour ou l'autre, l'ultime barrière masquant l'hypothèse de Riemann finira par tomber.

Mais quelle direction prendre ? Hilbert n'en a pas la moindre idée. Malgré ses passionnantes conversations avec Hurwitz – qui, lui aussi, a consacré sa vie à la fascinante fonction Zêta –, en dépit de ses longues séances de travail avec le génial Klein, il revient toujours bredouille.

*

Un soir, il rencontre au réfectoire un nouveau venu à Göttingen. Un jeune physicien hongrois de vingt-sept ans, George Pólya. Entre deux bouchées de *schwarzbrot* (le très réputé pain de seigle allemand), les deux savants commencent à parler. Les yeux de Pólya brillent, car Hilbert est son idole. Aussi n'hésite-t-il pas à lui raconter que quelque temps plus tôt, l'un de ses professeurs de mathématiques, Edmund Landau – célèbre depuis 1903 pour avoir simplifié la démonstration du théorème des nombres premiers –, lui a lancé, à moitié sérieux : « Vous qui connaissez un peu la physique, pourriez-vous donner une raison physique pour laquelle l'hypothèse de Riemann devrait être vraie[1] ? »

Hilbert est très impressionné par ce qu'il vient d'entendre. Et son sang ne fait qu'un tour. Landau a raison, cette raison *doit* exister ! Il plante alors ses yeux bleus dans ceux de Pólya : « Pourquoi ne la chercherions-nous pas ensemble, cette fameuse raison physique[2] ? »

Aussitôt dit, aussitôt fait. Dès le lendemain, les deux chercheurs se retrouvent. Ils ont beau avoir vingt-cinq ans d'écart, en réalité, ils ont le même âge. La même énergie. La même volonté de savoir. Et au bout de longues heures de discussion, de thés au citron partagés dans le salon des étudiants, de craies cassées sur le tableau noir, l'idée a pris forme : elle est connue aujourd'hui sous ce nom intrigant : la conjecture de Hilbert-Pólya !

*

De quoi parle-t-on ? De ce que beaucoup tiennent aujourd'hui pour l'une des meilleures approches de

1. Cité par Isaak M. Khalatnikov, *From the Atomic Bomb to the Landau Institute*, Springer, 2012.

2. *Op. cit.*

l'hypothèse de Riemann. Et qui sait ? Pour les plus audacieux, elle ouvre peut-être la voie à un début de preuve.

Que nous dit cette conjecture magnifiquement signée (mais en fait jamais formellement publiée) ? En fait, tout est parti d'une intuition un peu folle, partagée par nos deux savants, selon laquelle un opérateur – c'est-à-dire quelque chose qui agit sur le monde physique – se trouve « caché » derrière la fonction Zêta. Et tout l'esprit de la courageuse conjecture est là : les zéros – c'est-à-dire les solutions – de la fonction Zêta de Riemann pourraient correspondre aux valeurs d'un opérateur (que, dans leur jargon, les physiciens appellent « opérateur auto-adjoint »). Pour dissiper tout malentendu, précisons à ce stade que les opérateurs auto-adjoints sont utilisés dans cette branche de la physique devenue aujourd'hui dominante pour explorer l'infiniment petit : la mécanique quantique. En fait, des caractéristiques du monde physique à petite échelle telles que la position d'une particule élémentaire, son énergie, etc. sont décrites par des opérateurs (auto-adjoints).

Alors ?

Récapitulons. Hilbert et Pólya le savent, si leur conjecture est démontrée un jour, alors on aura instantanément la preuve que l'hypothèse de Riemann est vraie ! Et dans la foulée serait établi, pour la première fois, un lien explicite, incontestable, entre le monde abstrait des nombres et la réalité palpable, solide du monde physique.

Quelle double victoire ce serait !

Mais en cet hiver 1914, on en est encore bien loin. La Première Guerre mondiale et ses barbelés vont tomber sur les hommes. Faire tomber des têtes. Anéantir des idées. Vingt-cinq ans plus tard, un deuxième déluge d'acier mettra à feu et à sang le monde entier.

*

Avec l'arrivée des nazis au pouvoir, l'université de Göttingen n'est plus que l'ombre d'elle-même. Par un sombre soir de 1934, Hilbert dîne en face du ministre nazi de l'Éducation, lequel arbore fièrement un brassard orné de la croix gammée noire sur fond blanc et rouge. Le dignitaire du régime l'apostrophe avec un sourire grimaçant :

– Alors, monsieur le professeur, comment vont les mathématiques à Göttingen, maintenant qu'elles sont libérées de l'influence juive ?

La mâchoire verrouillée, Hilbert hausse les épaules et fulmine :

– Les mathématiques à Göttingen ? Quelles mathématiques ?

Puis il se lève brusquement et quitte la table sans se retourner.

Ce soir-là, le mythique mathématicien au chapeau vient de réaliser qu'une ère s'est achevée. Qui donc va pouvoir relever le défi qu'il a lancé trente-quatre ans plus tôt, en 1900 ? Une fois de plus, le flambeau va passer à une nouvelle génération.

25

La théorie de l'information

Plus de soixante ans se sont écoulés depuis l'inoubliable conférence de Boltzmann. Mais celle-ci a laissé des traces ineffaçables chez certains. En particulier chez un jeune chercheur américain du nom de Claude Shannon. Il a tout juste trente-deux ans en 1948.

Qui est-il ?

C'est le père fondateur de ce qu'on appelle aujourd'hui les « sciences de l'information ». Mais il ne se contente pas d'être un théoricien hors pair. C'est également lui qui a construit de toutes pièces le tout premier ordinateur portable de l'histoire. Et en cette année 1948, employé modèle de la puissante compagnie de téléphone Bell, il s'apprête à publier un article qui va éclater comme un coup de tonnerre dans le monde. Et nous faire entrevoir un nouveau visage de l'insaisissable « code » que nous cherchons ensemble.

*

Shannon est né en 1916 à Petoskey, l'une de ces petites villes sans histoire tassées dans les vallées verdoyantes du Michigan. Son père, Claude Senior, est le juge de la ville et, à coups de marteau du fond de son tribunal, s'est forgé la réputation de quelqu'un de pas commode. Pas grand-chose à attendre non plus du côté de la mère, la sévère directrice du collège, dont l'ombre muette au milieu de la cour fait trembler les élèves, Claude Junior le premier. Du coup, il s'est réfugié dans les livres. Surtout ceux de mathématiques, qu'il lit quand il ne fait pas de la course à pied et grâce auxquels il finit par récolter des notes à faire pâlir de jalousie ses camarades, même les meilleurs.

Et décidément, ce gamin d'une douzaine d'années n'est pas comme les autres. Le soir, il s'enferme dans son cabanon au coin du jardin et là, il fabrique tout un tas d'appareils électriques plus bizarres les uns que les autres. Par exemple, une surprenante trompette lance-flammes ou encore des souris mécaniques capables de retrouver leur chemin dans d'interminables labyrinthes. Dans ce bric-à-brac de bobines et de lampes entassées, une chose laisse sans voix ses copains. Un bateau qui, une fois lancé sur l'eau, obéit sans le moindre fil aux ordres de son jeune capitaine. Et puis, il y a ce télégraphe qu'il a conçu et usiné pour l'un de ses voisins. Grâce à l'étrange machine, les deux garçons peuvent s'envoyer d'interminables messages au nez et à la barbe de leurs parents. Son héros d'enfance ? Thomas Edison, le génial inventeur de l'ampoule électrique et du téléphone. Ironie de l'histoire, Shannon découvrira bien plus tard que sa famille est apparentée à celle d'Edison.

*

En attendant, Shannon entre à l'université du Michigan et commence son parcours du combattant à grandes foulées. À vingt-deux ans, il publie un mémoire de maîtrise qui lui rapporte aussitôt un prix et dont Howard Gardner, l'un des pontes de l'université de Harvard, dira qu'on tient sans doute là « le plus important mémoire de maîtrise du siècle[1] ». Que peut-on y trouver ? Tout bonnement les bases de ce qu'on appelle aujourd'hui « le numérique ». Il est vrai que le jeune Américain a été le premier à proposer l'utilisation systématique des 0 et des 1 pour simplifier les relais (et donc la transmission des signaux) au sein de ce qu'on appelait encore à l'époque les « cerveaux électroniques ». Le pas est déjà colossal. Deux ans plus tard, en 1940, c'est la thèse de doctorat en génétique, soutenue avec un incroyable aplomb, une discipline encore balbutiante à l'époque et qu'il a assimilée au pas de course. La même année, Shannon franchit le porche imprenable du fameux Institute for Advanced Study de Princeton. Un premier sommet à moins de vingt-cinq ans, où il côtoie tous les jours le légendaire mathématicien John von

1. Howard Gardner, *Les Personnalités exceptionnelles : Mozart, Freud, Gandhi et les autres*, Odile Jacob, 1999.

Neumann, celui qui allait devenir six ans plus tard le père d'ENIAC, le tout premier ordinateur de l'Histoire, avec ses dix-huit mille lampes et son colossal coffrage en tôles réfractaires qu'il faudra refroidir avec de la glace. Il y a aussi Hermann Weyl, l'un des plus brillants élèves du grand Hilbert dans les années 1920 à l'université de Göttingen, puis le mystérieux Kurt Gödel, qui lui aussi est passé par Göttingen et a publié neuf ans plus tôt ses fameux théorèmes d'incomplétude. Il n'avait que vingt-quatre ans. Mais il s'est jeté corps et âme dans la bataille et a pu montrer, à la force du poignet, que tout système logique est nécessairement incomplet ! Qui plus est, sa cause est extérieure – et opposée – à lui. De quoi montrer qu'il y a « autre chose » au-delà de la matière. Et surtout à son origine, dont Gödel affirme à qui veut l'entendre qu'elle est « codée » par des formes mathématiques. Grâce à ce vertigineux monument de l'esprit, Gödel passe pour l'un des plus grands logiciens de son époque depuis Aristote. Enfin, bien sûr, il y a Einstein.

Dès qu'il peut s'échapper, le jeune Shannon va le rejoindre et passe de longues heures à se promener à ses côtés d'un bosquet à l'autre. Le soir, à la cafétéria, il étonne son monde par ses numéros insolites de jongleur ou d'équilibriste (il est particulièrement performant sur les monocycles). Avec eux tous et bien d'autres, Shannon construit jour après jour sa révolution. Celle-ci se nourrit de ses efforts durant les années de guerre. Le voilà employé par les laboratoires Bell et sous contrat avec le département de la Défense. Le but ? Percer les codes secrets des forces ennemies (les Nippons et les nazis) et, au passage, tâcher de mettre au point des codes inviolables. Mais tout va basculer après la guerre.

Le retour au calme permet à Shannon de se consacrer à des idées entièrement nouvelles. En 1948, il signe un article fracassant, publié en deux parties sous ce titre devenu légendaire : « Théorie mathématique de la communication[1] ». Cette fois, les choses sérieuses commencent.

*

Comment décrire le fantastique bond en avant que nous devons à Shannon ? Tout simplement à l'aide d'un mot aussi bref qu'un éclair. Mais tout aussi lumineux. Le mot « bit ». C'est Shannon qui l'a introduit pour la toute première fois dans son fameux article de 1948. De quoi s'agit-il ? D'un chiffre binaire, dont la valeur est 0 ou 1. Et c'est surtout une unité qui, nous le savons aujourd'hui, nous sert tous les jours à mesurer l'information. Celle manipulée par nos ordinateurs et nos téléphones portables. Mais aussi celle contenue dans un message. Et c'est la première idée de génie de notre élégant mathématicien (certains commencent à lui trouver l'air d'un acteur hollywoodien, avec sa séduisante mèche sur le front et son léger sourire ironique). Que

1. Claude Shannon et Warren Weaver, « Théorie mathématique de la communication », CPI, 1975.

va-t-il faire ? Tout simplement relire à la loupe, mot à mot, les écrits du grand Boltzmann. Et il va en tirer l'idée qui va faire sa gloire.

On s'en souvient, ce que nous a apporté le physicien autrichien, c'est sa fameuse formule permettant de mesurer l'entropie (ou degré d'ordre) d'un système thermodynamique. Or c'est justement cette même idée d'entropie que Shannon, avec une incroyable audace, va appliquer à l'élaboration et à la transmission d'un message. N'importe lequel. Certains messages ont une entropie (une forme de « désordre ») très grande. Mais pour d'autres, c'est le contraire. Or c'est là que les choses deviennent fascinantes. Car les grands nombres de la nature (par exemple Pi) ne sont pas écrits « au hasard ». Comme s'ils contenaient une sorte de message. Mais lequel ?

C'est ici que, de manière inattendue, nous allons retrouver nos bons vieux nombres premiers. En effet, depuis quelque temps, Shannon s'intéresse à eux. De très près. Et ce que nous allons découvrir avec lui va nous faire faire un pas de plus en direction d'un code général structurant l'Univers.

*

La question posée par Shannon est simple : quand peut-on dire qu'un nombre entier quelconque est « désordonné », c'est-à-dire comporte de l'entropie ? Réponse : lorsque ce nombre est le produit de plusieurs nombres premiers. Au-delà d'une cinquantaine de chiffres, ce nombre entier a tellement d'entropie qu'il est pratiquement impossible de trouver – à moins d'efforts colossaux – les nombres premiers dont il est composé ! Par exemple, il faut pratiquement six mois de calculs acharnés (répartis sur une centaine de stations de travail) pour trouver les facteurs premiers d'un nombre de 100 chiffres. Et pour trouver les facteurs d'un nombre de 400 chiffres, il faudrait... 10 milliards d'années ! À peu près la durée de notre Univers. C'est cette monstrueuse difficulté qui fait que l'industrie des codes secrets repose aujourd'hui essentiellement sur les nombres premiers et les nombres pratiquement inviolables qu'on peut obtenir en les multipliant les uns par les autres. Shannon est l'un des premiers à en avoir déduit que, de ce point de vue, à la différence des nombres entiers ordinaires, l'entropie des nombres premiers est *nulle* ! Autrement dit, non seulement ils portent au plus haut niveau numérique l'image d'un ordre, mais bien plus, ils engendrent cet ordre !

Bien entendu, ce que nous venons de dire reste vrai quelle que soit la manière dont on écrit les nombres premiers. En particulier, si nous les écrivons non pas en notation décimale (comme d'habitude, avec 1, 2, 3, etc.) mais en système binaire (avec uniquement des 0 et des 1, comme pour les ordinateurs) ; dans ce cas, toutes les propriétés de nos nombres premiers restent intactes (y compris l'entropie nulle).

Tout ceci a des conséquences colossales qui vont vous

apparaître au grand jour dans le chapitre suivant. Nous allons y franchir avec Shannon une nouvelle étape en direction de la forme mathématique cachée dans les coulisses de l'Univers.

26

La fonction Zêta au cœur de l'information

Un beau matin, au début des années 1950, Shannon vient de sortir de son tiroir une boîte en carton qu'il s'amuse à appeler la « machine ultime ». En somme, une merveilleuse boîte à idées. Ce jour-là, il range à l'intérieur une feuille sur laquelle se trouve griffonné en quelques lignes ce qu'il jure être la « découverte de sa vie ».

Quelle est-elle ?

Deux jours auparavant, il vient de réaliser que tout – absolument tout au monde – peut être ramené à de l'information. Il a été aiguillé vers cette grande idée par l'un de ses maîtres, sans doute le plus influent de tous : le bouillant Norbert Wiener. Né en 1894, celui-ci a tout de l'enfant prodige. Il apprend à lire tout seul, à l'âge de deux ans. Puis c'est l'entrée à l'université Tufts, alors qu'il n'est encore qu'un galopin de onze ans. Ses culottes courtes ne vont pas l'empêcher de plonger avec jubilation dans les mathématiques supérieures. Et c'est au pas de charge, à dix-huit ans à peine, qu'il décroche à Harvard son doctorat en logique mathématique. Est-ce surprenant ? Diplôme en poche, il va choisir de s'inscrire dans la mythique université de Göttingen pour y suivre à plein temps les cours du grand Hilbert. Enfin, il fait une entrée fulgurante au MIT où il va enseigner durant près d'un demi-siècle. C'est là qu'il fonde la cybernétique et met en marche ses fameuses tortues électromécaniques, capables de se diriger seules vers les prises de courant pour y puiser leur énergie. C'est là aussi qu'il lance son slogan révolutionnaire : « Tout est information ! » Autrement dit, une pomme, une locomotive à vapeur, un chien, le corps humain ou une montagne, tout cela n'est autre que de l'information. Et en bon élève, Shannon saisit d'un coup la balle au bond : cette information définit une chose de A à Z et on peut la mesurer très précisément à l'aide de bits.

*

Dans la tranquille Amérique des années 1950, la découverte de Shannon éclate comme un coup de tonnerre. Mais par-dessus tout, il y a quelque chose qui frappe ceux qui (étudiants ou professeurs) ont lu les articles du jeune mathématicien. Quoi donc ? Étrangement, la formule de Shannon est pratiquement *la même* que celle découverte par Boltzmann un peu plus d'un demi-siècle plus tôt. Comme s'il s'agissait des deux faces d'une pièce unique. Mais l'une nous parle d'énergie et l'autre d'information. Comment raccorder l'une et l'autre ? Autrement dit, existe-t-il un lien véritable, une relation tangible, entre l'énergie et l'information ? Entre cet objet palpable qu'on appelle la matière et cette chose immatérielle qu'on ne peut pas toucher et qu'on appelle l'information ?

C'est là qu'une fois de plus, nous allons retrouver la fonction Zêta de Riemann.

*

Comme tout mathématicien qui se respecte, Shannon connaît le célèbre article de Riemann. Il n'a pas tout compris. Mais, bien que l'admirant, il en retire une chose : il existe un lien – fondamental – entre sa théorie de l'information et la fonction Zêta. Lequel ? Un vrai tour de force. Pour en saisir tout le sel, remettons-nous dans la tête qu'en théorie de l'information, Shannon a introduit une notion essentielle : celle de la *capacité de transmission d'un canal.* À partir de là, Shannon fait un bond pour passer à l'étape suivante. Il lance, en effet, l'hypothèse que la capacité d'un canal de transmission (par exemple celle d'un télégraphe) peut être calculée grâce à… la fonction Zêta de Riemann (sous la forme complexe définie par Riemann).

Que peut-on tirer de ce tour de force ?

Deux choses. D'abord, certains théoriciens de l'information, en reprenant l'hypothèse de Riemann à leur compte, en ont conclu que si la capacité théorique d'un canal de transmission est de 1 (c'est le bord de la bande critique[1]), alors son meilleur rendement – celui qui permet le mieux d'éviter les perturbations du signal - se trouve à 1/2 (c'est-à-dire à la moitié de sa capacité théorique).

Enfin, deuxième rebond : de manière totalement inattendue, nous retrouvons les nombres premiers qui, sans se faire ni voir ni entendre, « règlent » la circulation des signaux dans les canaux de communication.

*

En 1948, au moment où Shannon publie son article fondateur, paraît – le 1er avril – dans le numéro 73 de la prestigieuse *Physical Review* un autre article qui a fait du bruit. Son titre ? *The Origin of Chemical Elements*. Son auteur ? Un certain George Gamow, turbulent physicien à l'université George Washington. Comme tous les scientifiques de l'époque, Shannon a entendu parler de cet article. Gamow y soutient avec aplomb que les éléments légers – l'hydrogène, l'hélium, le deutérium, etc. – se sont formés en quelques minutes, lorsque l'Univers était très dense et très chaud, des milliards d'années dans le passé.

Shannon est intrigué.

L'idée lui paraît séduisante, *amusante* même (ce qui, dans sa bouche, est un vrai compliment). Mais Gamow

1. K. K. Nambiar, *Information Theoretic Equivalent of Riemann Hypothesis*, New Delhi, Nehru University, 2003.

a-t-il raison ? Dans la foulée, Shannon se pose une deuxième question, bien plus fondamentale : d'où vient donc cette chaleur torride dont parle Gamow ? Qu'y avait-il *avant* l'explosion initiale ?

Toutes ces questions le tracassent. Un soir, dans son bureau des laboratoires Bell où s'entassent pêle-mêle ses souris mécaniques, ses robots jongleurs et des dizaines d'autres machines hérissées d'antennes et de filetages – parmi lesquelles sa fameuse « machine qui ne sert à rien » –, lui revient en mémoire le schéma qui l'a rendu célèbre dans toute l'Amérique : pour tout événement communiqué, il y a une source, un encodeur et un signal. Shannon fronce les sourcils.

Si l'explosion originelle est un événement qui produit un signal (Gamow parle d'une radiation de très basse température qui serait la trace de ce signal), où se trouve la source ?

L'un des charmes de la science est de faire du saute-mouton d'un savant à l'autre lorsque c'est nécessaire. Un nouveau saut va donc nous amener chez l'un des collègues de Shannon. Un brillant théoricien d'IBM, dont le père de la théorie de l'information apprécie les travaux. Or, nous allons le voir, ce grand théoricien connaît une partie de la réponse à la question soulevée par Shannon.

27

Le principe de Landauer

Nous voici vers la fin des années 1950. Le monde s'éloigne en douceur des terribles déflagrations de la guerre qui a plongé l'humanité dans le noir.

Sans crier gare, un scientifique d'origine allemande, un physicien mathématicien émigré aux États-Unis va faire l'une des plus impressionnantes découvertes du siècle concernant la recherche d'une possible « information codée » sur laquelle pourrait reposer notre Univers. Son nom ? Rolf Landauer.

*

Il est né en 1927 dans la cité industrielle de Stuttgart. Il a neuf ans à peine lorsqu'il voit débouler dans les rues de son quartier les premières Volkswagen – les inoubliables « voitures du peuple » en forme de coccinelle voulues par Hitler et fabriquées par Ferdinand Porsche. Hélas, le rêve hitlérien ne se limite pas aux voitures et tourne progressivement au cauchemar. Sa famille est juive. Un beau jour de 1938, une troupe casquée et armée jusqu'aux dents frappe à coups violents sur la porte du foyer. Par une sorte de miracle, la famille n'est pas à la maison ce jour-là. Mais l'alerte a été chaude. Le temps de rassembler quelques maigres affaires et les Landauer quittent l'Allemagne pour toujours. Et c'est l'arrivée en Amérique. Un choc libérateur pour le jeune Rolf qui, d'un jour à l'autre, se découvre une passion pour les mathématiques. D'abord dans l'une des meilleures écoles scientifiques de New York puis à Harvard où il décroche son doctorat en 1950. Et déjà, il pose une question fascinante, à laquelle il apportera une réponse explosive onze ans plus tard. Quel lien peut-il exister entre l'énergie d'un côté et l'information de l'autre ? Landauer a lu avec gourmandise les articles de Boltzmann tout comme ceux de Shannon. Le premier parle d'énergie et le second d'information. Mais ni l'un ni l'autre n'a cherché à mettre en lumière la relation profonde existant entre ces deux domaines. Et pourtant... Landauer, le sent bien, il le *sait*, c'est au cœur même de cette relation qu'on a peut-être une chance de trouver ce fameux « code » sur lequel repose notre réalité physique dans l'Univers tout entier.

*

Pour relever le défi, il fallait un cadre propice. Ce sera chose faite avec l'entrée du jeune physicien mathématicien dans le plus grand sanctuaire des sciences de l'information : la firme IBM. Il y restera plus de quarante ans, déployant sa créativité autour d'une question étrange, que personne avant lui ne s'était jamais posée : que signifie effacer définitivement un bit d'information ? Par quoi se traduit un tel effacement ? Au fil des années, Landauer va tourner du matin au soir autour de cette interrogation. Et même la nuit, lorsqu'il refuse d'éteindre la lumière de sa chambre pour ne pas laisser échapper une idée. Et un beau matin de 1961, c'est enfin la sortie du brouillard. En quelques jours, tout va s'organiser. Il va en résulter un article stupéfiant, dans lequel apparaît pour la première fois le fameux principe qui porte son nom.

Que nous dit le principe de Landauer ?

Que lorsqu'un bit d'information est effacé dans un système, alors l'entropie de ce système augmente. Mais surtout, tout effacement d'une unité d'information se traduit inévitablement par un dégagement d'énergie sous forme de chaleur ! Cette fois, la connexion entre énergie et information est enfin mise au jour de manière spectaculaire, à travers une formule dans laquelle on retrouve une fois de plus la mystérieuse constante de Boltzmann. Bien sûr, on peut tout de même se demander si ce fameux « principe » n'est pas une pure vue de l'esprit. C'est ce que n'ont pas manqué de penser de nombreux chercheurs pendant plus d'un demi-siècle. Jusqu'à un retournement spectaculaire en 2012, des années après la disparition de Landauer. Que s'est-il passé ? Un événement inattendu, réalisé par une équipe de recherche paradoxalement basée en Allemagne (à l'université d'Augsbourg). Celle-ci a apporté la preuve expérimentale – une preuve irréfutable – que le principe de Landauer dit vrai. Que tout dégagement d'énergie se traduit quelque part ailleurs par l'effacement irréversible d'une certaine quantité d'information.

*

La boucle ouverte par Boltzmann un siècle plus tôt est donc bouclée. Et de quelle manière ! Pour certains, le principe de Landauer est l'une des plus importantes découvertes de toute la science. En particulier, il débouche sur une conséquence saisissante que nous avons formalisée en décembre 2012 et que nous exposons dans ce livre pour la première fois.

Quelle est cette conséquence ?

C'est la première réponse possible à la question de l'origine de l'énergie du Big Bang, il y a 13 milliards 820 millions d'années. En effet, la question que nous devons nous poser est celle-ci : d'où vient l'énergie phénoménale du Big Bang ? Cette énergie qui, soudain, se déverse dans le vide primordial ? Notre idée est que le principe de Landauer, pour la première fois, apporte un début de réponse. En effet, pourquoi ne pas considérer que l'énergie primordiale qui s'est déchaînée à l'instant du Big Bang résulte tout simplement de l'effacement d'une certaine quantité d'informations qui existaient avant le Big Bang ? C'est ce que nous avons fait. Et les calculs simples que nous avons poussés nous ont menés vers cette conclusion pour le moins surprenante : pour produire l'énergie de Planck (l'énergie dégagée au moment du Big Bang), il faut « effacer » une quantité d'informations de l'ordre de 10 puissance 120 bits ! Or, comme nous allons le voir plus loin, ce même chiffre a été mis en évidence par plusieurs physiciens théoriciens (mais par des voies tout à fait différentes) et correspond justement, selon eux, à la quantité d'informations nécessaire pour engendrer l'Univers tout entier depuis son origine !

Qu'en est-il en réalité ? L'énergie du Big Bang pourrait-elle vraiment correspondre à l'effacement d'une telle quantité d'informations qui auraient existé avant même le Big Bang ?

Pour en savoir plus, nous allons à présent nous tourner vers un nouveau chercheur. Il est américain et a régné sur d'immenses territoires en physique. C'est lui, entre autres, qui a inventé dans les années 1960 le mot « trou noir » pour désigner ces mystérieux tourbillons gravitationnels qui résultent de l'effondrement d'une étoile sur elle-même. Nous allons donc faire un pas de plus vers le mystérieux « code » qui, peut-être, existait avant que l'Univers lui-même existe. Et une nouvelle fois, ce que nous allons découvrir va dépasser tout ce à quoi nous pourrions nous attendre.

28

It from bit

Un jour d'été 1911.

C'était avant la guerre de 14. Dans la rue, on croisait encore des tricycles à vapeur et même des voitures à cheval. Les jeunes femmes faisaient admirer les délicates étoffes de leurs robes longues et les messieurs se séparaient rarement de leurs cols cassés et de leurs chapeaux haut de forme. Et c'est cette année-là qu'est né John Wheeler à Jacksonville, petite ville perdue au fond de la Floride.

John Wheeler est sans doute l'un des plus grands penseurs de la physique du XXe siècle. Il a connu pratiquement tous les hommes qui ont fait la science d'aujourd'hui. Entre autres, il a travaillé dans l'infiniment grand avec Albert Einstein – le père de la relativité – et dans l'infiniment petit avec Niels Bohr – le fondateur de la théorie quantique. Or, très tôt, il est intrigué par l'idée de Wiener et de son élève Shannon selon laquelle la réalité ultime, celle sur laquelle repose notre Univers, n'est pas matérielle. Que les objets solides qui nous entourent – la chaise sur laquelle vous êtes assis, la banane que vous dégustez –, tout cela n'est, au fond, qu'un nuage impalpable d'informations. Et que c'est cette information fondamentale qui code notre réalité physique.

Dans un article phare publié en 1990, Wheeler précise sa pensée et jette sur le papier un slogan si frappant qu'il va faire le tour du monde : *It from bit.* Il n'y va pas par quatre chemins : « Tout ce qui existe – chaque particule, chaque champ de force, jusqu'à l'espace-temps lui-même – tire sa fonction, son sens, son existence même (fût-ce indirectement dans certains contextes) des réponses apportées par des appareils aux jeux de questions "oui ou non" représentant des choix binaires. Des bits. *It from bit* symbolise l'idée que chaque élément du monde physique a au fond – tout au fond –, dans les grandes profondeurs la plupart du temps, une source immatérielle, ainsi qu'une explication. Ce que nous appelons la réalité résulte, en dernière analyse, des réponses apportées aux questions "oui ou non". En bref, toutes les choses physiques trouvent leur origine dans l'information[1]. »

*

1. John A. Wheeler, « Information, physics, quantum : the search for links », in H. W. Zurek, *Complexity, Entropy, and the Physics of Information*, Addison-Wesley, 1990.

Inlassablement, Wheeler a martelé ce message. Tout en se posant une nouvelle question : comment avoir un indice que tout cela repose sur une réalité ? Que des bits d'information se trouvent enfouis dans les grandes profondeurs de la matière ? Pour cela, il faudrait identifier une formule très générale, qui rende compte de ce « codage ». Mais laquelle ?

John Wheeler a la réponse sur le bout de la langue. Mais il lui manque un petit quelque chose. Pourtant, il est passé tout près de la révélation au cours de ses longues soirées de travail avec son ami de toujours, le grand mathématicien Hermann Weyl – encore un enfant de Göttingen. Il a passé sa thèse en 1909, sous la double direction de deux légendes, Hilbert et Minkowski (l'ancien professeur de mathématiques d'Einstein et père du mot lumineux « espace-temps »). Dans un article dont il faut lire et relire chaque ligne tant elles sont belles, Wheeler a restitué une vérité lumineuse autour de celui dont il dit : « Hermann Weyl a été – est – pour beaucoup d'entre nous, et pour moi, un ami, un professeur et un héros[1]. » Puis il franchit un pas décisif lorsqu'il parle du lien profond qui unit Weyl aux nombres : « Le continuum des nombres naturels : qui pourrait se dispenser d'eux tout en travaillant sur la matière et le mouvement, les particules et les champs, l'espace et le temps[2] ? »

1. John Archibald Wheeler, « Hermann Weyl and the Unity of Knowledge », *American Scientist*, vol. 74, 1986.

2. *Ibid.*

Or Weyl s'est intéressé de très près à la fonction Zêta de Riemann, pour laquelle il a proposé une nouvelle méthode de résolution. Il a eu à ce sujet d'innombrables discussions avec Hilbert dans les sous-bois de Göttingen. Pour lui, elle représente une inépuisable source d'émerveillement. Mais aussi de découvertes à propos de ce qu'on est tenté d'appeler avec lui la « face cachée de l'Univers ».

Justement : en 1918, il entre dans une série de discussions passionnantes avec Pólya, soupèse les chances que la fameuse conjecture qu'il a proposée avec Hilbert (sur les relations entre la fonction Zêta et les niveaux d'énergie dans la matière) soit vraie.

Jusqu'au bout, en 1955, alors qu'il est depuis longtemps – en fait depuis qu'il a été chassé de Göttingen par les nazis en 1933 – professeur à l'Institute for Advanced Study de Princeton (le *home* d'Einstein et de Gödel), il s'interroge : les nombres font-ils la loi dans la matière ?

Une réponse retentissante à cette question (ainsi qu'à celle formulée par John Wheeler) va être apportée par celui qui, en 1954, alors qu'il est tout juste *fellow* de Princeton, lui rend hommage.

Qui est ce nouveau venu ? Aussi *british* qu'américain, à presque cent ans, il est toujours bien vivant aujourd'hui ! Avec lui, apprêtez-vous à aborder une nouvelle étape de notre fantastique quête.

29

Une trace des nombres premiers dans la matière

Nous arrivons au printemps 1972, par une grande matinée d'été en Amérique, dans la première université du monde. Frôlées par une brise tiède, deux silhouettes glissent à pas silencieux sur les carreaux lustrés de l'une des galeries de l'impressionnant Institute for Advanced Study de Princeton. Là où Einstein et son inséparable compagnon de pensée Kurt Gödel – le plus grand logicien depuis Aristote – ont tant de fois déambulé côte à côte trente ans plus tôt.

Le premier à franchir le portique en marbre vert pâle est un étudiant de vingt-huit ans, portant – avec une certaine fierté – un nom de général d'armée, Hugh Montgomery. Il vient de soutenir sa thèse à Cambridge sous la direction de l'une des gloires de l'université, Harold Davenport, célèbre pour ses travaux en théorie des nombres et tout particulièrement sur la fonction Zêta de Riemann.

Sans surprise, Davenport lui a transmis le virus de la célèbre fonction. Depuis quelque temps, Montgomery réfléchit sérieusement – c'est-à-dire souris en main et ordinateur face à lui – à la répartition des zéros. À quelle distance sont-ils les uns des autres ? Et ce matin-là, sans reprendre son souffle, il déballe en vrac ses idées à celui qui marche à ses côtés : Atle Selberg, l'un des professeurs les plus en vue de Princeton.

De quoi lui parle-t-il avec tant de fièvre ?

Vous vous en doutez : des zéros de la fonction Zêta de Riemann ! Plus précisément de la découverte qu'il pense avoir faite concernant la surprenante distribution des zéros le long de la mystérieuse droite critique. Une hypothèse aujourd'hui connue sous le nom de « conjecture de Montgomery ». Que nous dit-elle, cette fameuse conjecture ? Qu'en deçà d'une certaine distance minimale, les zéros ont tendance à se repousser le long de la droite critique. Personne ne s'y attendait.

Selberg est sidéré par ce qu'il vient d'entendre. Avant d'entrer dans la salle de cours qui l'attend, il donne une petite tape dans le dos de Montgomery, sans un mot. Mais il n'a pas perdu une miette de l'étrange confidence de son jeune collègue.

*

Le lendemain, à l'heure du thé, Montgomery s'accorde une petite pause. De son passage à Cambridge, il a retenu l'incontournable plaisir de tout arrêter pour savourer les arômes délicats d'un Darjeeling ou d'un Earl Grey (son préféré). À grandes enjambées, comme si plus rien d'autre – même pas la fonction Zêta – n'avait d'importance, il accourt vers la cafétéria lorsqu'il tombe nez à nez sur Sarvadaman Chowla, un théoricien des nombres indien, littéralement subjugué par le mythique Ramanujan, génie des mathématiques, capable d'effectuer de tête en un éclair les calculs les plus monstrueux. Au début du XXe siècle, dans sa courte vie – il a disparu à trente-trois ans –, Ramanujan a lui aussi mis ses formidables dons au service des nombres premiers. Il en a résulté une nouvelle et puissante formule de comptage des nombres premiers qui porte aujourd'hui le nom de Ramanujan. Logiquement, Chowla (qui ne se voit pas autrement que comme le disciple du mathématicien de légende) est lui aussi tombé dans le chaudron des nombres premiers. Tout sourires, il prend Montgomery par le bras et décide de l'accompagner à la cafétéria. Balayant la salle d'un coup d'œil, les deux jeunes chasseurs de nombres se laissent tomber sur les chaises rembourrées. Soudain, Chowla remarque dans le coin opposé un physicien anglais qui sirote son thé à petites gorgées. Son nom ? Freeman Dyson.

Dyson !

À presque cent ans aujourd'hui, avec ses immenses yeux verts, sa tignasse revêche et son bon sourire, il est reconnaissable entre mille. Quant à ses titres, ils impressionnent déjà en 1972 le tout-Princeton. Sur intervention du légendaire Oppenheimer, il est professeur à vie à l'Institute for Advanced Study depuis 1953. Il n'est d'ailleurs pas en reste dans son pays d'origine puisque l'année précédente, en 1952, il a été élu haut la main membre de la très fermée Royal Society. Puis, en 1964, le voilà sociétaire de l'Académie des sciences américaines et, la même année, membre associé de l'Académie des sciences en France.

À présent, ne perdez rien de ce qui va suivre. Car les recherches de Dyson sont à l'origine d'un immense coup de théâtre qui va nous rapprocher furieusement de notre but.

*

En effet, dans les années 1960, Dyson a travaillé avec succès sur ce qu'on appelle la « théorie des matrices aléatoires ». Un joli nom, proposé par le prix Nobel Eugene Wigner en 1951 pour décrire le comportement bien sûr hautement « aléatoire » des atomes et autres particules élémentaires. Par un zoom prodigieux, descendons un instant au niveau d'un noyau atomique. Que voyons-nous ? Du vide. Beaucoup de vide partout. Et, ici et là, sans crier gare, des tourbillons lumineux qui fusent pêle-mêle devant nous comme des étoiles filantes avant de se désintégrer.

Pour tenter d'y voir un peu plus clair dans ce désordre, Wigner a donc proposé une conjecture audacieuse : les niveaux d'énergie au cœur de la citadelle nucléaire pourraient être captés et décrits par des « matrices aléatoires ». Or, justement, Dyson a travaillé d'arrache-pied sur ces fameuses matrices aléatoires et à présent, en 1972, elles n'ont pratiquement plus de secrets pour lui.

Tout est prêt pour le coup de théâtre.

*

Depuis quelques minutes, le grand homme, tranquillement assis dans son coin, jette des coups d'œil furtifs par-dessus le rebord de sa tasse. Et il finit par faire un petit signe à Chowla, qu'il connaît un peu.

L'occasion est trop belle !

L'instant d'après, le mathématicien indien propose à Montgomery de le présenter à Dyson. Intimidé, le jeune homme commence par refuser. Qu'à cela ne tienne ! D'une poigne étonnamment ferme, Chowla le tire par la manche jusqu'à la table du physicien anglais. Pas très à l'aise, bredouillant dans son menton, le jeune Montgomery commence à raconter ce qu'il fait à Princeton du matin au soir en tant que *post doc* (un poste provisoire, offert à un thésard après la soutenance de sa thèse). Il bouscule un peu ses mots, de peur d'ennuyer son prestigieux interlocuteur. Mais à mesure que Montgomery entre dans les détails, Dyson fronce les sourcils. Puis il repose bruyamment sa tasse, comme si elle venait de lui échapper des doigts.

L'instant d'après, il se lève d'un bond, au comble de l'excitation.

En un éclair, il vient de réaliser que la répartition statistique des zéros trouvée par Montgomery est *exactement* la même que la distribution des valeurs propres de sa matrice aléatoire, découverte dix ans plus tôt. N'y tenant plus, il lance au jeune mathématicien en lui donnant une grande bourrade :

– C'est incroyable ! Votre résultat est le même que le mien ! Les deux approches viennent de directions complètement différentes, mais vous obtenez la même réponse que moi !

Puis il se laisse retomber de tout son poids sur sa chaise, qui craque.

– Cela nous montre qu'il y a là-bas beaucoup de choses que nous ne comprenons pas. Quand ce sera le cas, tout ça nous paraîtra peut-être évident. Mais pour le moment, c'est tout juste un miracle !

En effet, un vrai miracle. Car ce que viennent de découvrir par le plus grand des hasards nos deux chercheurs est proprement ahurissant. De quoi s'agit-il ? D'une connexion totalement inattendue, mais très profonde, entre la distribution des niveaux d'énergie au cœur de la matière et la répartition des nombres premiers dans l'océan infini des nombres entiers. Un lien vertigineux entre la matière et les nombres !

Presque en même temps ce jour-là, le physicien et le mathématicien secouent la tête, aussi ébahis l'un que l'autre. Car s'il est commun de voir des phénomènes physiques expliqués par les mathématiques, l'on est face à un renversement très étrange lorsque des êtres purement mathématiques laissent leur empreinte – et font la loi – au sein de la réalité physique sans expliquer quoi que ce soit.

*

Lorsqu'il se lève pour prendre congé, Montgomery se souvient tout à coup de ceux qui ont mis le feu aux poudres, ceux qui ont entrevu les premiers ce lien impensable : Hilbert et Pólya, à Göttingen, soixante ans auparavant, dans la fameuse conjecture qui porte leurs noms. En se grattant la nuque, il rattrape également un autre souvenir, celui des travaux de Yang et Lee dans les années 1950. Eux aussi ont regardé de près la conjecture de Hilbert et Pólya et eux aussi ont découvert certains phénomènes purement physiques qui, bizarrement, semblent résulter de l'alignement parfait des zéros de la fonction Zêta le long d'une droite. Mais Yang et Lee n'ont pas été plus loin.

Se pourrait-il alors que lui, Montgomery, apporte la preuve précise, *irréfutable*, que ses illustres devanciers avaient raison ?

En serrant la main de Dyson, Montgomery ne sait pas encore qu'il ne le reverra pas. Ni à Princeton ni ailleurs. Mais ce qu'il sait, c'est qu'il s'est passé ce jour-là quelque chose qui va rester dans l'Histoire.

*

Plus de quarante ans se sont écoulés depuis cette fantastique conversation à l'heure du thé entre Dyson et Montgomery. Depuis, l'étrange correspondance entre la répartition des zéros de la fonction Zêta de Riemann le long de la droite critique et les valeurs des matrices aléatoires a été passée au crible. Étudiée sous toutes les coutures. Vérifiée des centaines de fois. Avec, au bout, cet étonnant verdict : la correspondance existe bel et bien et elle est rigoureusement exacte !

Aujourd'hui, le mathématicien Andrew Odlyzko (celui qui, vous vous en souvenez, a envoyé une lettre à Pólya, l'ancien compagnon de pensée de Hilbert au début du xxe siècle) est le plus grand chasseur de zéros de la planète. Dans son impressionnant laboratoire de la compagnie américaine ATT, il a calculé des milliards de zéros, à différentes hauteurs de la droite critique. Tous, sans exception jusqu'ici, sont bel et bien situés *exactement* sur la droite !

Mais Odlyzko a fait bien plus que cela !

Il a apporté la preuve éclatante du lien étroit, incroyablement précis, entre la répartition des nombres premiers et les matrices aléatoires donnant ainsi la distribution des niveaux d'énergie au cœur de la matière. Patiemment, jour après jour, année après année, il a comparé les écarts statistiques entre les valeurs successives des matrices aléatoires et les distances séparant les uns des autres les zéros de la fonction Zêta de Riemann. Et lorsqu'il a superposé les deux courbes, il n'en a tout simplement pas cru ses yeux : l'ajustement entre elles est déjà stupéfiant pour le premier million de zéros. Mais il atteint une perfection inimaginable lorsqu'on monte très haut dans les zéros, jusqu'à 100 milliards de milliards de zéros ! Ces mesures sidérantes se sont répandues comme une traînée de poudre dans le monde entier, à tel point que Peter Sarnak, l'un des pontes de Princeton dans le domaine de la théorie des nombres, pourtant réputé pour être difficile à émouvoir, a clamé haut et fort : « Ces mesures constituent la première preuve phénoménologique que les zéros sont absolument, sans aucun doute, d'une nature "physique"[1]. »

À ce stade, ce lien – que beaucoup ont encore du mal à accepter – nous oblige à nous poser cette unique question, au cœur de notre recherche : par quel prodige – quel « miracle », dirait Dyson – les mêmes lois de distribution régissent-elles les zéros de la fonction Zêta de Riemann et les valeurs propres des matrices aléatoires au cœur des particules élémentaires ? Mystère. Aux yeux du physicien théoricien britannique Michael Berry, professeur à l'université de Bristol et membre de la Royal Society, ce lien est franchement incompréhensible : « Comment se fait-il que la fonction Zêta de Riemann puisse mimer si parfaitement un système quantique alors qu'elle n'en est pas un[2] ? »

Pour en savoir plus, il nous faudra peut-être revenir vers la prédiction du grand Wigner, selon laquelle les zéros de l'insaisissable fonction Zêta reflètent le comportement des grands systèmes quantiques et la dispersion complexe des strates d'énergie selon des profils

---

1. Barry Cipra, « A Prime Case of Chaos », American Mathematical Society, 2003.
2. *Ibid.*

statistiques universels, allant des nombres à la matière. En somme, un équilibre délicat entre le chaos apparent et l'ordre défini par une formule précise. Sans doute fort de sa prédiction, très frappé par le profond mystère entourant la fonction Zêta, Wigner n'a pu s'empêcher, un jour de 1960, de pointer le doigt en direction de l'énigme – à la recherche peut-être d'une sorte de « code universel » – en donnant pour titre à son livre emblématique : *La Déraisonnable Efficacité des mathématiques dans les sciences de la nature*. Une formule qui a fait le tour du monde et qui, plus que jamais, nous incite à rechercher ce mystérieux « code », caché dans le fond secret de l'Univers.

Justement, un nouvel événement, encore plus étonnant que celui que nous venons de voir ensemble, nous attend au chapitre suivant. Il va nous rapprocher encore un peu plus de la sidérante vision de Riemann. Et du secret universel qui inspire notre quête.

30

Le gaz de Riemann

Nous voici à présent dix-sept ans après la rencontre historique entre Dyson et Montgomery. Nous atterrissons à Paris, plus exactement dans l'austère bâtiment de brique rouge de l'École normale supérieure.

Normale sup !

Un lieu qui a fait rêver des générations de jeunes, avec au bout une idée fixe, chauffée à blanc par les redoutables classes préparatoires : devenir *normalien* ! Dans quelques lignes, nous allons rencontrer quelqu'un qui a réalisé ce rêve en passant de l'autre côté du mur, pour devenir chercheur au sein du laboratoire de physique théorique de l'École. Son nom ? Bernard Julia.

Toute une dynastie de normaliens. Le père de Bernard, Marc Julia, ancien élève de l'École normale et agrégé de physique, s'est illustré dans la chimie et a été élu membre de l'Académie des sciences en 1977. Mais il a de qui tenir. En effet, le grand-père de Bernard n'est autre que Gaston Julia, mathématicien lumineux après avoir été un élève modèle. En effet, il lui a suffi d'une seule année de classe préparatoire pour être reçu premier au concours d'entrée à l'École polytechnique et premier à l'École normale supérieure. Son goût pour les mathématiques pures le conduit sans hésiter à choisir Normale sup d'où il ressort en 1914 avec l'agrégation de mathématiques en poche. Une bien mauvaise année qui, toutefois, fera de lui un héros de la guerre, blessé à la terrible bataille du chemin des Dames où il s'est magnifiquement battu.

Heureusement, une fois la guerre finie, la vraie vie recommence. Entre-temps, il a passé sa thèse – toujours avec la plus grande aisance – en 1917. Rompu à l'étude des fonctions à variables complexes, il devient dès 1919 répétiteur à l'École polytechnique. Sous la houlette de qui ? De l'emblématique Jacques Hadamard, le grand expert de la théorie des nombres, qui a démontré en 1896 le fameux théorème des nombres premiers ! Jacques Hadamard, dont l'ombre immense plane sur la fonction Zêta de Riemann.

Avec un tel parrainage, rien d'étonnant à ce que Gaston Julia se soit, à son tour, intéressé de près à la fonction Zêta. Il en a jailli très vite les bases de ce qui, plus tard – avec le découvreur des « fractales », le mathématicien Benoît Mandelbrot –, lui apportera la gloire : les ensembles de Julia. Des ensembles qui ont permis de représenter visuellement (à travers les hallucinantes images fractales) ce que les mathématiciens n'hésitent plus aujourd'hui à appeler la dynamique de la fonction Zêta, tant cette fabuleuse fonction (qui engendre non seulement les nombres premiers mais aussi tous les entiers) a un caractère dynamique.

*

Mais revenons à présent au petit-fils de Gaston, le physicien-théoricien Bernard Julia. En 1989, on le trouve du côté de la rue Lhomond, dans le cinquième arrondissement de Paris. Une fois passés les murs de brique et les couloirs sans fenêtres, on tombe sur le laboratoire de physique théorique de l'École normale. Dans l'une des petites salles hérissées d'ordinateurs, Bernard Julia travaille sans rechigner du matin au soir, entre autres avec son collègue à la barbe en collier, Eugène Cremmer, spécialiste de la théorie des cordes.

Or, en cette année 1989, Julia a une idée de génie, publiée en 1990. Elle prend appui sur cette fonction mystérieuse qui a occupé son grand-père pendant des lustres. Une fois de plus, nous allons retrouver la fonction Zêta de Riemann.

Suivons pas à pas son raisonnement. De quoi part-il ? De quelque chose de tout à fait insolite : un « gaz numérique » abstrait, dont chaque molécule serait un nombre premier. En somme, un nuage de nombres premiers en équilibre. Depuis, les physiciens mathématiciens ont baptisé un tel gaz le « gaz de Riemann » ou encore le « primon » (en référence aux nombres premiers).

Pour commencer, intéressons-nous une nouvelle fois aux nombres premiers. Nous le savons, leur répartition

– c'est toute l'hypothèse de Riemann – est entièrement décrite par la fonction Zêta. Nous avons vu sa forme générale. À présent, considérons notre gaz à l'équilibre. En mécanique statistique, un système en équilibre est décrit par ce qu'on appelle la « fonction de partition ». Vous vous en souvenez, sa forme générale est :

$$Z = \Sigma e^{-\beta H}$$

H représentant l'énergie du système et β l'inverse de la température.

Or que remarquez-vous ? Tout simplement que la fonction Zêta de Riemann (qui décrit le monde des nombres) est exactement de la même forme que la fonction de partition d'un gaz qui, elle, décrit la répartition statistique des niveaux d'énergie dans le gaz.

Grâce à cette construction simple mais extrêmement démonstrative, le lien entre l'ordre numérique et l'ordre physique devient clairement visible.

*

Mais pour y voir encore plus clair, poussons un peu plus loin la recherche de ce lien.

Nous venons de parler d'un gaz. Zoomons à l'intérieur de ce gaz. Nous allons y rencontrer d'abord des molécules. Ce sont les différents niveaux d'énergie de ces molécules qui sont donc décrits par la fonction de partition ci-dessus. Mais à présent, effectuons un nouveau zoom et rapetissons. Autour de nous, les molécules disparaissent et nous voilà dans le vide. Heureusement, pas pour longtemps. Voilà que surgissent du vide les atomes composant ces molécules. Nous ne pouvons pas voir les électrons, qui sont beaucoup trop petits. En revanche, en face de nous, cette sorte de planète aux contours flous, c'est un noyau ! Encore un coup de zoom et nous voici *à l'intérieur* du noyau. Et là, à nouveau, nous basculons dans un monde étrange, fait de beaucoup de vide et de quelques phénomènes qui clignotent ici et là, de manière imprévisible. Ce sont des particules élémentaires, lancées dans un ballet totalement indéchiffrable pour nous.

Ce qui est certain, c'est que nous sommes dans un domaine qu'on appelle le « domaine quantique ». À partir de là, un nouveau défi : comment calculer les différents états d'énergie dans ce domaine quantique ? Bonne nouvelle : les physiciens ont la réponse ! Une réponse qui, une fois de plus, va nous amener à croiser la trajectoire de la fonction Zêta, décidément présente à tous les étages de la réalité.

Pour mieux comprendre, retenez qu'en mécanique quantique – c'est-à-dire à l'échelle des atomes –, on remplace les notions de position, de vitesse, etc., par ce qu'on appelle des *observables*. À leur tour, les observables sont représentées par ce que les fondateurs de la mécanique quantique ont nommé des *opérateurs*. L'on dispose dans la boîte à outils quantiques d'opérateurs de position, d'accélération, d'évolution, etc. Et voilà ! Vous avez à présent ce qu'il vous faut pour calculer les niveaux d'énergie dans le monde des particules élémentaires. Quelle fonction allons-nous utiliser ? Tout simplement, moyennant quelques petits aménagements, la fonction de partition que vous avez découverte plus haut. Parmi les petits aménagements, la somme représentée ci-dessus dans le domaine classique par ce joli symbole Σ est remplacée par une sorte de « somme généralisée » qu'on appelle une *trace*, notée Tr. Nous sommes fin prêts ! Dans ce nouveau contexte, la fonction de partition n'est autre que la trace d'un opérateur sur un espace d'états, ce qui s'écrit :

$$Z = \mathrm{Tr}(e^{-\beta \mathrm{H}})$$

Et nous voici à la fin d'un nouveau virage, qui va nous permettre de déboucher tout droit… sur quoi ? Sur la fonction Zêta de Riemann !

En effet, vous reconnaissez dans la formule ci-dessus l'opérateur de Boltzmann, $e^{-\beta \mathrm{H}}$, qui est donc (comme on l'a vu plus haut) le fameux « noyau de la chaleur » du système étudié. Au niveau quantique, la fonction Z est donc, tout simplement, la trace Tr du noyau de la chaleur du système.

Et maintenant, voici le « miracle » qui va nous ramener d'une traite vers la fonction Zêta de Riemann : la fonction Zêta est étroitement reliée à la trace du noyau de la chaleur ! Ce lien (en fait visible à l'œil nu) passe par une transformation mathématique que ceux qui l'utilisent (et ils sont nombreux) appellent la « transformation de Mellin ».

Qui est Robert H. Mellin ? Un mathématicien finlandais, né en 1854 (l'année de la soutenance de thèse de Riemann), spécialisé en théorie fonctionnelle. Il s'est illustré comme premier recteur de l'université technologique d'Helsinki. C'est vers le début du XXe siècle qu'il a découvert la transformation qui a fait sa renommée : la transformation de Mellin. C'est elle qui permet de faire apparaître cette correspondance très profonde entre la trace du noyau de la chaleur et la fonction Zêta de Riemann.

La force de ce lien, c'est qu'il ouvre un large passage entre les deux mondes : le monde physique (décrit par le noyau de la chaleur) et le monde numérique (décrit par la fonction Zêta). Autrement dit, l'hypothèse de travail des scientifiques alertés par cette correspondance surprenante est que la distribution des énergies au sein d'un nuage de particules renvoie à la répartition des nombres premiers.

31

Un million de dollars pour la fonction Zêta

Nous arrivons enfin à notre millénaire. Plus exactement en l'an 2000. Nous voici à nouveau en Amérique.

Tout a commencé deux ans auparavant, en 1998, à Boston. Cette année-là, Landon Clay décide de frapper un grand coup. À quoi lui sert toute sa fortune, accumulée au gré des affaires dans sa puissante compagnie financière East Hill Management ? Depuis quelque temps, il se sent comme irrésistiblement envoûté par les mathématiques. Et un beau jour, au fil de ses lectures, il tombe sur un article qui parle de la fonction la plus mystérieuse de toutes les mathématiques : la fonction Zêta de Riemann.

À partir de ce jour-là, tout a basculé.

Au pas de charge, il décide avec son épouse, Lavinia, de créer un institut qui portera son nom : l'Institut de mathématiques Clay. Son but ? Promouvoir le savoir mathématique dans le monde entier. Et, par un système de primes richement doté, permettre la résolution des grandes énigmes mathématiques de notre temps.

La fonction Zêta de Riemann trône, bien sûr, en tête de liste.

*

Une fois franchies les portes de l'Institut Clay, on a toutes les chances de tomber sur l'un de ses dirigeants, choisis parmi les meilleurs mathématiciens du monde. Vous pourrez y croiser Edward Witten, médaille Fields, considéré comme le numéro un mondial de la théorie des cordes. Le Britannique Simon Donaldson, également médaille Fields pour ses travaux sur les espaces à quatre dimensions. Ou encore Andrew Wiles, premier lauréat du prix Clay en 1999 pour sa résolution de la grande conjecture de Fermat. Les uns et les autres ont été invités par Landon Clay à sélectionner les sept grands problèmes du millénaire. Ceux qui, malgré les efforts de milliers de mathématiciens depuis des dizaines et des dizaines d'années, résistent à tout.

Et en 2000, les mathématiciens rendent leur verdict. Les sept problèmes retenus sont fascinants. Tous, sans exception. Et d'une difficulté inouïe. Un exemple ? La conjecture de Poincaré, griffonnée par le génial mathématicien français Henri Poincaré sur un coin de page en 1904. Une conjecture sereine, désarmante de simplicité apparente, puisqu'elle énonce, dans un langage presque accessible à tous, que la forme d'un espace fermé (et sans trous) à trois dimensions n'est autre que la sphère à trois dimensions. Simple ? En fait, il a fallu attendre cent ans, des milliers d'échecs cuisants et d'innombrables grincements de dents avant que la conjecture soit enfin démontrée. Par le Russe Grisha Perelman qui, au passage, s'est offert le luxe de refuser coup sur coup la médaille Fields et le Prix du millénaire d'un million d'euros que lui a décerné en 2010 l'Institut Clay.

Restent aujourd'hui six grands problèmes non résolus.

*

Les six grands problèmes du millénaire !

Six montagnes colossales, dont les sommets se perdent dans les hauteurs béantes. Six murailles de granit, aux trois quarts enfouies dans la brume. Six immenses défis à l'humanité entière.

Que va-t-on trouver tout en haut de la liste ? L'hypothèse de Riemann, bien sûr, considérée à l'unanimité par tous les mathématiciens du monde comme la plus importante – et de loin – de toutes les énigmes encore non résolues à ce jour.

Le sera-t-elle un jour ?

Si le cœur vous en dit, sachez que l'Institut Clay récompensera d'un million de dollars celui qui parviendra à résoudre l'énigme. Mais avant de vous lancer, retenez que déjà, au cours des années 1900, le grand Hilbert, après s'y être cassé les dents, a lancé cette phrase cinglante : « Je pense que l'hypothèse de Riemann est le problème le plus important, non seulement de toutes les mathématiques, mais bien au-delà, le plus important de tous les problèmes[1] ! »

Même son de cloche chez le théoricien suisse Martin Gutzwiller (un compatriote d'Euler) : « La fonction Zêta est probablement le défi le plus immense et le plus mystérieux de toutes les mathématiques modernes, en dépit de sa totale simplicité apparente[2]. »

En novembre 2000, la journaliste scientifique Erica Klarreich n'a pas hésité à lancer le débat dans la revue *New Scientist* : « Ceux qui pensent que la clef de l'Univers se trouve dans les mathématiques feraient bien de se poser une question qui remonte à l'Antiquité : quels fabuleux secrets sont donc enfermés au cœur des nombres premiers ? »

Trois ans plus tard, en 2003, le physicien américain James Charles Phillips, membre de l'Académie nationale des sciences, a jeté un nouveau pavé dans la mare avec un article publié sur l'archive scientifique de l'université Cornell et qui relate ses propres expérimentations : « L'idée que la théorie des nombres puisse être reliée aux propriétés d'un système d'électrons va probablement sembler ésotérique aux yeux de la plupart des scientifiques, tout comme elle va stupéfier la plupart des mathématiciens. Cependant, cette idée débouche sur

1. David Hilbert, *Geometry and the Imagination*, American Mathematical Society, 1956.

2. *Chaos in Classical and Quantum Mechanics*, vol. 1, Springer, 1990.

des possibilités incroyablement riches et intrigantes[1]. » D'ailleurs, dans l'introduction de cet article, Phillips n'hésite pas un seul instant à écrire : « Je montre ici que les différences d'énergie s'expliquent dans le cadre d'un modèle quantique qui implique le théorème des nombres premiers, jusqu'ici réservé au seul domaine mathématique. Le modèle contient également les zéros de la fonction Zêta de Riemann et explique l'origine physique de l'hypothèse de Riemann[2]. »

L'origine physique de l'hypothèse de Riemann !

---

1. *Microscopic origin of collective exponentially small resistance states* : arXiv:cond-mat/0303184v2

2. *Ibid.*

32

Le mystère des nombres premiers jumeaux

Une nouvelle fois, reprenons notre souffle. Marquons un temps. Et réfléchissons.

Entourés de brumes tels des fantômes, les nombres premiers traversent la matière et laissent des traces ineffaçables dans leur sillage. On peut capter leur ombre. Mais leur être nous échappe. Et leur mystère reste intouché. Ce grand théoricien des nombres qu'est Andrew Granville, professeur à l'université de Montréal, ne mâche pas ses mots : « Les nombres premiers sont les objets les plus fondamentaux en mathématiques. Mais ils sont aussi les plus mystérieux, car après des siècles d'études, la structure de l'ensemble des nombres premiers n'est toujours pas comprise[1]. »

En tête de ce mystère, il y a, bien sûr, celui de leur distribution dans l'océan des entiers. Où donc nagent-ils ? À quelle profondeur vont-ils plonger ? Toujours

1. *American Mathematical Society Press Release*, 5 décembre 1997.

combatif après avoir étudié les 50 millions premiers d'entre eux, le mathématicien allemand Don Zagier, professeur à l'Institut Max Planck de Bonn, aime à répéter avec un porte-voix à ses étudiants : « Il y a deux faits sur la répartition des nombres premiers qui, je l'espère, vont vous convaincre si profondément qu'ils seront gravés pour toujours dans vos cœurs. Le premier est que, malgré leur définition toute simple et leur rôle en tant que briques servant à construire des nombres naturels, les nombres premiers poussent comme des mauvaises herbes entre les nombres naturels, semblant n'obéir à aucune autre loi que celle du hasard, et personne ne peut prédire où les prochains vont germer. Le deuxième fait est encore plus étonnant, car il affirme tout le contraire : que les nombres premiers présentent une régularité étonnante, qu'il existe des lois régissant leur comportement, et qu'ils obéissent à ces lois avec une précision quasi militaire[1]. »

Après tout ce que nous avons appris sur leur compte, nous avons presque envie de dire à leur propos que les nombres premiers n'obéissent *jamais* aux lois. Car visiblement, ce sont eux qui *font* la loi. Ce qui, comme le souligne en riant Freeman Dyson, les amène à nous narguer ! En 2009, il a même lancé, en saluant *in petto* les nombres premiers : « Un nouveau jeu de la nature consiste en une similitude de comportement entre

1. Don Zagier, « The first 50 million prime numbers », *The Mathematical Intelligencer*, 1977.

les quasi-cristaux et les zéros de la fonction Zêta de Riemann[1]. » Freeman Dyson est, en effet, persuadé depuis 1984 – date de la découverte des quasi-cristaux – que les nombres premiers, via la fonction Zêta, se cachent tout au fond de ces cristaux ! Et il exhorte chaque jour ses étudiants à aller les débusquer.

Message reçu ! À la surprise générale, des physiciens de l'université de Bristol et de la Queen Mary's School of Mathematical Sciences de Londres viennent de faire une déclaration spectaculaire. Avec calme et fermeté, Yan Fyodorov n'a pas mâché ses mots : « Les nombres premiers sont les éléments ou "briques de construction" de l'arithmétique. Nos travaux fournissent la preuve d'une surprenante connexion entre les nombres premiers et le gel de certains matériaux complexes en physique[2]. » Cette connexion est d'ailleurs rendue explicite par Yan Fyodorov qui poursuit sur sa lancée : « Une des questions importantes au sujet de la fonction Zêta de Riemann consiste à déterminer quelle est la hauteur du pic le plus élevé du "paysage". Dans notre article, nous avons montré que, de façon inattendue, répondre à cette question est lié à la transition de congélation dans certains matériaux complexes, tels que les quasi-cristaux[3]. »

1. Freeman Dyson, *The Scientist as Rebel*, New York Review Books, 2006.

2. Preprint Queen Mary University of London, 2 mai 2012.

3. *Ibid.*

*

Dans ce contexte à mi-chemin entre le monde abstrait des êtres numériques et celui, palpable, de la matière, ces fameux nombres pas comme les autres déploient donc de nouveaux arguments qui ont de quoi nous rendre perplexes. Ce qui remet en lumière, sous un angle nouveau et encore plus concret, le mystère qui les entoure.

En effet, nous devons garder en tête qu'il est impossible – absolument *impossible* – de dire, dans la suite des nombres entiers, quand va surgir le prochain nombre premier ! Est-ce qu'ils seraient répartis au petit bonheur la chance ? C'est bien là que les choses se corsent. Pendant longtemps, on n'avait aucune réponse à cette question. Hasard ? Ou pas ? Pendant des siècles, il a été absolument impossible de trancher, jusqu'à ce qu'un beau jour, le 21 mai 2013, éclate un véritable coup de tonnerre qui, en quelques heures, va ébranler les cinq continents.

Ce jour-là, l'article d'un obscur mathématicien d'origine chinoise, jusqu'alors totalement inconnu, a été accepté par l'une des plus prestigieuses revues scientifiques du monde : *Annals of Mathematics*. Le nom de son auteur ? Yitang Zhang.

*

Aujourd'hui professeur à l'université du New Hampshire aux États-Unis, Zhang n'est pas un mathématicien comme les autres. À neuf ans, ce petit génie des nombres tire de son chapeau une démonstration nouvelle (et au reste assez cocasse) du fameux théorème de Pythagore. L'année suivante, il découvre avec gourmandise un problème qui va l'occuper sans relâche pendant les quarante années qui vont suivre : la célèbre « conjecture de Goldbach ». Un sujet obsédant qui va progressivement l'isoler du reste des chercheurs ordinaires, jusqu'à l'obliger à revêtir la blouse grise d'un modeste comptable et même à vendre des sandwiches le soir dans un Subway enfumé au fin fond du Kentucky, histoire d'améliorer l'ordinaire.

Mais revenons au XVIIIe siècle, au moment où l'élégant Prussien Christian Goldbach tire de sa tête – il est autodidacte – sa fameuse conjecture. Apparemment, celle-ci est des plus banales, comme l'avait d'ailleurs cru Leonhard Euler en jetant au panier une lettre de Goldbach lui exposant sa drôle d'idée : tout nombre entier est la somme de deux nombres premiers. Quelque chose de tout bête, en somme, et *a priori* facile à démontrer. Facile ? Pas tant que ça. Étrangement, cette conjecture si limpide résiste depuis plusieurs siècles – en fait depuis son énoncé en 1742 – aux assauts des innombrables théoriciens des nombres qui s'y sont cassé les dents, les uns après les autres. À elle seule, elle symbolise la question mystérieuse soulevée par les nombres premiers : sont-ils répartis au hasard, ou pas ?

Cette question jusqu'ici sans réponse, nous allons la poser au professeur Zhang, aujourd'hui couvert de prix – entre autres le prestigieux prix Cole –, grâce à sa spectaculaire percée du printemps 2013.

Que nous apprend-il ? Il n'a bien sûr pas résolu la conjecture de Goldbach. Mais il a fait peut-être mieux encore. Il a, en effet, montré que, contrairement à tout ce que l'on pouvait penser jusque-là, l'apparition des nombres premiers dans la chaîne infinie des entiers naturels ne s'effectue pas « comme ça », de manière hasardeuse. Très étrangement, leur ordre semble obéir à une contrainte invisible, enfouie dans les grandes profondeurs de l'océan des nombres. Mais laquelle ? Pour percer la couche du mystère, Yitang Zhang (aujourd'hui élu *genious fellow*) a renouvelé l'approche de fond en comble.

*

Nous savons depuis longtemps que les nombres premiers deviennent de plus en plus rares à mesure qu'on s'enfonce de plus en plus loin dans l'océan des nombres entiers. Mais est-ce que l'écart entre eux ne cesse de se creuser lorsqu'on file vers l'infini ?

Face à cet immense problème, Zhang s'est tourné vers ce qu'on appelle aujourd'hui les « nombres premiers jumeaux ». De quoi s'agit-il ? De nombres premiers qui ont seulement un nombre entre eux, comme 11 et 13, ou 17 et 19. Ou plus loin 659 et 661, ou bien encore ces autres jumeaux que sont 881 et 883. Ce qui cloue sur place les mathématiciens, c'est que les nombres premiers jumeaux ne sont séparés que par un seul nombre ! Cet écart entre deux nombres premiers est le plus petit possible. Mais le mystère qui affole tout le monde, c'est que cet écart, justement, est minuscule !

À présent, voici le pire ! Selon une conjecture aujourd'hui célèbre sous le nom « conjecture des nombres premiers jumeaux », il existerait une *infinité* de nombres premiers jumeaux ! Mais est-ce bien vrai ? Comment expliquer une chose pareille ? Comment expliquer qu'à l'infini, deux nombres premiers – deux impairs consécutifs – se tiennent côte à côte, alors qu'ils sont si grands ? Les plus grands nombres premiers jumeaux calculés – à grand renfort d'ordinateurs – en 2011 possèdent 200 700 chiffres ! Pour vous donner une vague idée du gigantisme d'un tel nombre, pour que vous sachiez à quel point un ordinateur peut chauffer en le calculant, rappelez-vous qu'un nombre de 120 chiffres suffirait pour compter toutes les particules élémentaires de notre Univers ! Alors que nos jumeaux, eux, en possèdent plus de 200 000 ! Nous sommes donc face à deux géants dont la taille est inimaginable. Et pourtant, ces deux colosses se retrouvent main dans la main, avec juste un autre nombre géant entre eux deux. Et il en existe une infinité d'autres encore plus grands, bien plus gigantesques qu'eux, perdus dans les profondeurs insondables, dans l'océan sans fond des nombres !

Mais encore une fois, est-ce qu'il existe vraiment une infinité de nombres premiers jumeaux ?

C'est là que Yitang Zhang fait sa fracassante entrée en scène.

*

Dans un premier temps, il a été difficile de trouver des examinateurs pour lire et critiquer son article. En fait, celui-ci a failli ne jamais être publié ! Et pourtant…

En mai 2013, Zhang a effectué un pas de taille vers la preuve de la fameuse conjecture. Bien que nous ne sachions toujours pas s'il existe un nombre infini de paires de nombres premiers dont l'écart est seulement de 2 (il n'y a qu'un seul autre nombre entier entre eux deux pour les séparer), le génial Zhang a montré qu'il existe une infinité de paires de nombres premiers dont l'écart est inférieur à 70 millions ! Qu'est-ce que cela veut dire ? Qu'il est désormais certain – absolument certain – que la distance finie séparant une paire de nombres premiers n'augmente pas lorsqu'on s'enfonce vers l'infini !

Bien que 70 millions soit encore énorme – mais qu'est-ce que 70 millions face à l'infini ? –, c'est la première fois qu'on tient la preuve formelle qu'il existe une limite à la distance pouvant séparer des paires de nombres premiers. Avant ce fantastique résultat, on pensait que la distance entre deux nombres premiers formant une paire augmentait inéluctablement à mesure qu'on s'avançait vers l'infini, séparés les uns des autres par d'inimaginables distances, de loin en loin, perdus à l'horizon des nombres immenses. De plus en plus immenses au fur et mesure que l'on glisse sans jamais s'arrêter vers l'infini.

Or ce n'est pas le cas ! Cette découverte est proprement renversante et a coupé le souffle à tous les mathématiciens du monde. À tel point que dans tous les laboratoires de la planète, on s'est mis au travail pour tenter de réduire cet écart de 70 millions. Et on a réussi.

En effet, aussitôt l'article de Zhang publié, les mathématiciens, une fois revenus de leur stupéfaction, ont retroussé leurs manches. Dès le début de la même année, le médaillé Fields Terence Tao, de l'université de Los Angeles, et son collègue Tim Gowers ont lancé un saisissant projet de mathématiques collaboratives intitulé Polymath. Objectif ? Réduire progressivement cet écart de 70 millions pour le faire tendre vers 2. Et le succès est au rendez-vous ! En 2014, l'écart annoncé serait inférieur à 270. D'autre part, à condition d'admette une version généralisée de la conjecture d'Elliott-Halberstam portant sur la distribution des nombres premiers consécutifs, l'écart serait alors inférieur ou égal à 6. On est à présent tout proche du fameux écart de 2 séparant les jumeaux !

*

Pourquoi le résultat de Zhang – qui a changé sa vie de fond en comble – est-il jugé si important ? Parce que, pour la première fois, on tient une preuve concrète qu'il existe un ordre profond dans le défilé apparemment chaotique des nombres premiers. Un ordre qui fait s'effondrer d'un seul coup en poussière le mur du hasard. Galvanisés, les mathématiciens n'hésitent plus désormais à franchir le pas : dans la mesure où les nombres premiers plongent dans les entrailles de la matière, on peut en conclure que le hasard a perdu sa baguette de chef d'orchestre.

Les nombres premiers mèneraient-ils la danse depuis les coulisses, sans se faire voir ? En tout cas, ils viennent de nous montrer qu'ils maintiennent l'ordre – un ordre ahurissant – dans les brumes opaques de l'infini.

Décidément, tout cela relance les dés. Et nous incite à repartir à la chasse. Où, dans la nature, allons-nous en trouver de nouvelles traces ?

Là où personne ne s'attendait à les trouver.

33

Les étranges nombres « premiers-adiques »

Été 1953. Le soleil brille haut, rafraîchi par les ombres silencieuses sur les prairies de l'université George Washington. C'est le matin et un savant pensif, enveloppé dans sa blouse blanche, profite du ciel qui entre par les fenêtres grandes ouvertes de la bibliothèque.

Il réfléchit.

Jusqu'où pénètrent donc ces êtres numériques des grandes profondeurs que sont les nombres premiers ? Nous avons déjà croisé celui qui a posé cette question en ce mois de juin 1953 et qui est l'un des physiciens théoriciens les plus attachants du XXe siècle : George Gamow. Et la réponse l'a cloué d'étonnement sur sa chaise.

Au seul écho de ce nom, c'est toute l'histoire du Big Bang qui se déroule en un éclair. C'est lui qui, en 1948, a mis le monde en émoi en annonçant dans un article inoubliable que les briques de la matière – les éléments légers – sont apparues en quelques minutes à peine il y a des milliards d'années, au cœur d'un Univers très petit et chauffé à blanc. C'est lui aussi qui a prédit que l'immense explosion du Big Bang devait avoir laissé une trace dans tout l'Univers, une sorte de rayonnement de nos jours presque imperceptible, refroidi par le temps. Ce rayonnement fossile, fantôme glacé de la première lumière de l'Univers, a été découvert en 1964.

Mais Gamow n'est pas seulement le découvreur du Big Bang chaud. Captivé par les mathématiques, il s'est aussi intéressé de près aux nombres premiers, auxquels il a fait un clin d'œil appuyé dans le titre de son livre *Un, deux, trois... l'Infini*[1]. Un tête-à-tête qui l'a entraîné à débusquer un phénomène retentissant, auquel il n'était pas du tout préparé.

*

L'aventure a commencé au soir du 28 février 1953, dans un pub enfumé de Cambridge. Ce soir-là, Francis Crick, un jeune biologiste encore totalement inconnu, répète entre deux pintes de bière qu'avec son collègue James Watson, ils ont « percé le secret de la vie ». Pour toute réponse, il ne s'attire que quelques haussements d'épaules assaisonnés de gloussements incrédules. Pourtant, le 25 avril, les mêmes Crick et Watson signent dans *Nature* un article qui va éclater comme la foudre. Aux quatre coins du monde, les lecteurs médusés apprennent que le message héréditaire de tous les êtres vivants – les humains mais aussi les chiens, les oiseaux, les arbres et

1. Éd. Dunod, 1955.

les fleurs – se trouve codé dans une molécule en double hélice : l'ADN. Mieux : chaque brin de l'hélice est composé d'un sucre, d'un phosphate et d'une base.

L'onde de choc frappe de plein fouet Gamow. Le 8 juillet, il adresse à Crick et Watson une lettre dans laquelle il se dit « très excité par leur article ». Et dans la foulée, il esquisse son idée quant à l'existence d'un « codage » au sein de l'ADN.

Un code ! Cette idée lui est déjà venue après sa lecture du merveilleux petit ouvrage du légendaire Erwin Schrödinger, *Qu'est-ce que la Vie ?*, publié en 1944 en marge de ses travaux révolutionnaires en mécanique quantique. Schrödinger y faisait allusion à l'existence d'un « code-script héréditaire », qui ferait la différence entre « un rhododendron, un scarabée, une souris ou une femme ».

L'énigme était de taille. En tout cas, de la taille prisée par Gamow. Une fois le feu mis aux poudres par Crick et Watson, le physicien russe va réfléchir au rôle des nombres dans ce fameux codage. Et en particulier à la place qu'y occupaient les nombres premiers.

En effet, le code génétique repose sur quatre « lettres » aujourd'hui célèbres, A, G, T, C, les quatre fameuses bases de l'ADN dont vous avez appris les noms barbares sur les bancs du lycée. Gamow s'est alors demandé comment ces quatre lettres pouvaient engendrer les « mots » correspondant aux acides aminés formant les protéines indispensables à la vie. Un vrai casse-tête, sur lequel butaient Crick et Watson. Et tout à coup, une idée naïve – mais terriblement efficace – a jailli dans la tête de Gamow. Pourquoi ne pas regrouper les quatre bases trois par trois pour obtenir, à l'autre bout de la chaîne, les précieux acides aminés ? C'est ici que survient le plus surprenant. Car le choix de Gamow de regrouper les bases trois par trois – et donc d'obtenir vingt combinaisons possibles – l'a amené, de manière inattendue, à découvrir quelque chose de totalement inconnu à l'époque : il *devait* exister vingt acides aminés ! Pour en avoir le cœur net, Gamow a fait « plancher » sur cette question la fine fleur de la physique théorique de l'époque, le génial John von Neumann – père du tout premier ordinateur de l'histoire –, le bouillonnant Richard Feynmann (futur prix Nobel), le tenace Edward Teller, théoricien de la bombe atomique, et bien sûr l'ami de toujours, Max Delbrück, lui aussi prix Nobel, l'un des fondateurs de la biologie moléculaire, l'un des rares à l'époque capables d'établir un pont entre les mathématiques, la physique et la biologie. Tous donnent une bourrade amicale dans le dos de Gamow et confirment qu'il a raison : il doit exister vingt acides aminés à la base de la vie. Une découverte révolutionnaire, qui a plongé le truculent « George » dans une telle joie qu'il en a sauté à pieds joints sur son bureau !

Une fois remis de ses émotions, Gamow couche son idée par écrit et publie un article en 1954 dans le volume 173 de *Nature*. De quoi donner du grain à moudre à Crick et Watson. Crick raconte d'ailleurs dans son autobiographie que sans la lettre de Gamow, ni lui ni Watson n'auraient jamais eu l'idée de compter le nombre d'acides aminés. Ils ont pu ainsi confirmer que même s'il existe en fait plus de cinq cents acides aminés dans la nature, presque toutes les protéines de tous les êtres vivants connus ne sont constituées que de vingt-deux acides aminés différents, les vingt habituels et deux spéciaux.

*

Marquons ici une pause. Quel rapport avec les nombres premiers ? Peut-être ne faut-il pas prendre au pied de la lettre la comparaison risquée par Gamow. Mais il reste que les deux premiers nombres premiers, 2 et 3, sont profondément enchâssés dans le code génétique. Tout d'abord, comme nous venons de le voir, la chaîne de l'ADN est composée d'un long cycle de trois éléments différents : un sucre, un phosphate et une base (l'une des quatre bases évoquées plus haut). Or 3 est un nombre premier. Ensuite, les deux brins d'ADN sont reliés par deux bases. Ces deux bases sont elles-mêmes « soudées » entre elles respectivement par deux et par trois « liaisons hydrogène » (c'est-à-dire par une force électrostatique) et l'on retrouve donc les nombres premiers 2 et 3. Enfin, les protéines fabriquées à chaque instant dans votre organisme le sont uniquement parce que les bases qui les composent sont assemblées 3 par 3. On retrouve donc à nouveau un nombre premier. De même que sur les 64 triplets (appelés « codons » par les biologistes) engendrés par la combinaison 3 par 3 des quatre bases A, G, T, C, trois de ces triplets n'ont pas de propriétés « codantes » et sont de simples signaux d'arrêt. Résultat, il n'existe que 61 triplets intervenant dans le contenu du code génétique. Une fois de plus, comme l'a remarqué Gamow, 61 est un nombre premier.

Que penser de tout cela ? Les emboîtements que nous venons de voir restent malgré tout relativement superficiels. Plus significatifs – et assez intrigants – sont les résultats obtenus par l'un des plus grands théoriciens de la théorie des cordes, Peter Freund, de l'université de Chicago et membre de la Société américaine de physique. Prenant à bras le corps la question du rôle des nombres premiers au sein de la machinerie génétique, il a découvert en 1993, avec son collègue Lee Brekke, un phénomène qui a de quoi ébranler les plus incrédules. De quoi s'agit-il ? D'une mystérieuse – et inexplicable – relation entre les nombres premiers et les acides aminés. Freund et Brekke ont en effet montré que si on prend un nombre premier quelconque (que nous appellerons *p*) et qu'on retranche 1 à ce nombre premier, on obtient le nombre d'acides aminés différents impliqués dans la fabrication des protéines. En particulier, il existe vingt-deux acides aminés (nous l'avons vu plus haut, vingt standards et deux spéciaux) permettant de produire les protéines. Le nombre premier qui intervient est donc 23.

Mais sur quoi, sur quelle cause masquée repose une telle relation ?

Les étranges nombres « premiers-adiques »

De nouvelles générations de chercheurs, mathématiciens et biologistes se sont attaquées à la question. Ils ont entrepris de fouiller en profondeur, avec de nouveaux instruments, les relations entre le code génétique et les nombres premiers. Parmi ces instruments d'un nouveau genre, il en existe un qui est particulièrement puissant : les nombres *p-adiques.*

Les *p*-adiques ! Le mot est mystérieux à souhait. Et, comme il se doit, renvoie en ligne droite aux nombres premiers. De quoi s'agit-il ? De nombres aux propriétés déconcertantes, très en vogue aujourd'hui dans le monde des mathématiciens et des physiciens.

Ils ont été découverts au début du XXe siècle par le mathématicien allemand Kurt Hensel. Élève du célèbre Leopold Kronecker, sa généalogie scientifique remonte en droite ligne au légendaire Leonhard Euler. Or, ce qui nous intéresse ici, c'est que justement, ces nombres *p*-adiques – qui peuvent être entiers ou bien fractionnaires – sont construits à partir des nombres premiers. Retenez que, dans le mot « *p*-adique », *p* n'est autre qu'un nombre premier. Mais quel rôle joue-t-il dans ces nouveaux nombres ? Tout simplement, les nombres *p*-adiques ont pour base arithmétique les nombres premiers *p*. Autrement dit, au lieu, comme en base 10, d'utiliser 10 chiffres, on utilise *p* chiffre pour écrire ces nombres, *p* étant toujours un nombre premier. Par exemple, en base 5, le nombre 206 devient :

$$1 \times 5^3 + 3 \times 5^2 + 1 \times 5 + 1$$

Ce qui, sous la forme *p*-adique habituelle (ou plutôt, ici, 5-adique), s'écrit :

... 0000001311

Ici, attention ! Les nombres *p*-adiques ne font presque rien comme les autres. En fait, ils s'écrivent non pas de gauche à droite, comme les nombres dont vous avez l'habitude, mais *à l'envers*, de droite à gauche ! Lorsque vous calculez avec des nombres décimaux habituels, vous ne pouvez avoir qu'une quantité finie de chiffres avant la virgule, en général un chiffre (par exemple le chiffre 3 dans Pi), parfois deux ou trois, mais guère plus. Or, bizarrement, c'est l'inverse qui se passe avec les nombres *p*-adiques : on peut avoir une infinité de chiffres *avant* la virgule !

Ainsi, un nombre *p*-adique peut se comprendre comme une suite de chiffres en base *p* (par exemple, en base 2, on a des nombres *diadiques*, en base 3, des nombres *triadiques*, ou encore en base 7 des nombres 7-*adiques*). Cette suite de chiffres peut être infinie à gauche de la virgule – c'est là toute leur étrangeté – mais elle est toujours finie à droite. Il va sans doute vous paraître très inhabituel d'avoir des nombres qui ont parfois une infinité de chiffres avant la virgule (et non pas après, comme d'habitude), mais c'est toute la puissance – et, au fond, tout le charme – de ces curieux nombres *p*-adiques. Et surtout, face à ces nombres si différents de tous les autres, si uniques en leur genre, retenez une chose qui vous servira de balise, relevée par le mathématicien et écrivain scientifique anglais John Derbyshire dans un remarquable ouvrage consacré à la quête des nombres premiers par Bernhard Riemann : « Chacun de ces super-nombres contient en lui tous les nombres premiers[1]. »

Mais à partir de là, commence quelque chose de vraiment palpitant.

*

En effet, tendant la main aux biologistes, plusieurs équipes de physiciens mathématiciens ont tout récemment décelé au cœur du code génétique la présence de nombres premiers par le biais des étranges nombres *p*-adiques. Ainsi, le mathématicien Branko Dragovich, de l'Institut de physique de Belgrade, l'un des pionniers de cette recherche d'un pont entre les nombres premiers et les sciences de la vie, a posé en 2011 cette question dans un article qui a fait sensation : « Quelle est l'origine et l'évolution du code génétique ? Existe-t-il un principe mathématique derrière le codage génétique ?[2] » Or sa réponse passe par les nombres *p*-adiques. Car ceux-ci

---

1. John Derbyshire, *Prime Obsession : Bernhard Riemann and the Greatest Unsolved Problem in Mathematics*, Plume Books, 2003.

2. Branco Dragovich, « P-Adic Structure of the Genetic Code », *Neuro-Quantology*, vol. 9, 2011.

révèlent au sein du code génétique des choses invisibles « à l'œil nu » (c'est-à-dire qu'on ne voit pas sans eux).

Qu'a donc découvert Dragovich ? Deux phénomènes très spectaculaires, qui ont bouleversé les biologistes. D'abord, que la structure et le comportement des quatre bases de l'ADN sont gouvernés par le nombre 5-adique. Pourquoi 5 ? Parce qu'il s'agit du plus petit nombre premier pouvant contenir les quatre bases de l'ADN (A, G, T, C) sous la forme de quatre chiffres différents. En somme, un « nombre miracle », qui explique à la fois le regroupement trois par trois des fameuses bases au sein de l'ADN (souvenez-vous de l'éclair de génie de Gamow) ainsi que l'existence des fameux 64 codons dans le code génétique. De fait, Dragovich et ses collègues apportent un nouvel éclairage : « Les nombres 5-adiques à 3 chiffres engendrent 64 nombres entiers qui correspondent aux 64 codons[1]. » Mais les révélations ne s'arrêtent pas là. Il existe dans le monde des nombres p-adiques une notion très parlante, qui est celle de « distance p-adique » entre deux nombres. Cette distance s'écrit comme l'inverse d'une puissance du nombre premier p (autrement dit, la distance entre deux p-adiques s'écrit $1/p^k$). À partir de là, Dragovich a eu la bonne idée d'appliquer cette formule puissante à la description du code génétique, ce qui débouche sur une nouvelle découverte concernant le rôle des nombres premiers au cœur du vivant. Qu'a-t-il trouvé au bout de ses calculs ? Que

1. *Ibid.*

les codons se rassemblent selon les distances 5-adiques et 2-adiques. En d'autres termes, la distance entre les codons dans l'ADN (et l'ARN) est « balisée » par les nombres *p*-adiques. Mais surtout, en généralisant ces résultats, Dragovich et son équipe ont mis en évidence quelque chose qui aujourd'hui fait autorité en génétique : la distance entre génotypes (c'est-à-dire entre les éléments de l'information génétique caractérisant un individu) le long des branches d'un arbre phylogénétique (décrivant la filiation d'une génération à une autre) est donnée par une distance *p*-adique. Nous touchons là à quelque chose d'encore plus mystérieux que tout ce qui précède, puisque nous découvrons que l'énigmatique action des nombres *p*-adiques s'exerce aussi à travers le temps !

Les très étranges nombres *p*-adiques ont-ils dit leur dernier mot ? Pas tout à fait. Cette fois, c'est le nombre 2-adique qui entre en scène, grâce notamment aux travaux du théoricien russe Sergueï Kozyrev. De même que Dragovich à Belgrade (avec lequel il a cosigné d'importants articles sur les nombres *p*-adiques), Kozyrev n'est pas le premier venu. Directeur de recherches au prestigieux Institut de mathématiques Steklov à Saint-Pétersbourg et membre de l'Académie des sciences, il est depuis quelques années fortement impliqué dans la recherche du rôle des nombres premiers au sein du message héréditaire. Avec le mathématicien Andreï Khrennikov, l'un des meilleurs experts des nombres *p*-adiques à l'université Linnaeus en Suède, il est parvenu à montrer que les nombres *p*-adiques – en particulier les nombres 2-adiques – régulent la correspondance entre la carte du code génétique et l'espace des acides aminés. C'est dire leur rôle déterminant et, derrière eux, celui des nombres premiers.

*

Reste encore un secret qui vient de « tomber » et qui montre à quel point les nombres *p*-adiques et, à travers eux, d'une manière invisible mais décisive, les nombres premiers encodent ce qui se passe au niveau de l'information génétique d'une part (codée dans l'ADN) et du code génétique de l'autre (qui représente le « dictionnaire » permettant de traduire les informations contenues dans le matériel génétique afin de fabriquer les protéines). Ici surgit un problème en forme de cactus hérissé de piquants : il existe en effet environ 10 puissance 80 possibilités d'arrangements entre les codons et les acides aminés. Pour vous donner une idée, toutes les plages et tous les déserts du monde ne contiennent « que » 10 puissance 30 grains de sable (ce qui est fantastiquement moins que 10 puissance 80, qui représente le nombre d'atomes dans l'Univers). Or seulement un tout petit nombre de cette colossale quantité de combinaisons est représenté dans les cellules vivantes. Comment est-ce possible ? Là encore, plusieurs chercheurs – parmi lesquels le mathématicien allemand Patrick Erik Bradley, de l'université de Karlsruhe – ont identifié le rôle clef joué par les nombres *p*-adiques. Grâce à eux, il est aujourd'hui possible d'expliquer par quel mystère plusieurs codons codent le *même* acide aminé. Il a en effet été montré en 2015 par Dragovich que cette surprenante propriété (connue sous le nom de redondance ou encore dégénérescence génétique) est en fait un phénomène *p*-adique. Dragovich avait d'ailleurs annoncé la couleur dès 2010 dans un article aux accents visionnaires : « La dégénérescence du code génétique est un phénomène *p*-adique[1]. »

*

Le code génétique est un code universel. C'est exactement le même pour l'homme et pour l'abeille. Pour le chien et pour la pomme de terre. Mais par quel miracle ? Comment expliquer cette sidérante identité d'un être vivant à un autre ? Encore une fois, la réponse est peut-être du côté des nombres *p*-adiques. On les trouve agissant de la même manière chez la souris blanche que chez l'éléphant. Dans la fraise des bois comme chez l'aigle des Andes. Le caractère universel des *p*-adiques, les contraintes non moins universelles qu'ils « codent » au cœur de la mécanique du vivant sont donc peut-être la source de cette structure unique à tous les étages de la vie.

Mais allons-nous retrouver cette même source ailleurs

1. B. Dragovich et A. Dragovich, « p-Adic Modelling of the Genome and the Genetic Code », *The Computer Journal 53*, 2010.

dans l'Univers ? Pourrait-il s'agir du même code – un code unique – présent dans les plis et les replis de la matière ? Au royaume des particules élémentaires ? De plus en plus nombreux depuis 2010 sont les physiciens mathématiciens qui, sans établir le lien avec la matière dite « vivante », retrouvent les nombres *p*-adiques – donc, de manière voilée, les nombres premiers – à l'échelle des particules élémentaires.

Et à l'échelle de l'Univers tout entier ? Va-t-on aussi y retrouver les nombres premiers ?

34

Les nombres premiers au fond du ciel

Il est temps à présent d'élargir nos horizons. De nous tourner vers le ciel. Vers le cosmos profond. Avec cette nouvelle question : y aurait-il une trace des nombres premiers au fond du ciel ?

Lorsqu'on parle de « fond du ciel », on est obligatoirement renvoyé au-delà de ce que nous voyons. Bien au-delà. En fait, nous devons nous rendre jusqu'au fond de notre Univers, jusqu'à cet horizon immensément lointain qu'on appelle l'horizon cosmologique.

Êtes-vous prêt pour ce voyage vers l'horizon ?

Alors allons-y ! Imaginez que vous ne pesez plus rien. Vous flottez comme une bulle de savon et vous commencez à vous élever dans le ciel, d'abord lentement, puis de plus en plus vite. Sous vos pieds, le sol rétrécit, change d'échelle et ressemble de plus en plus à ce que vous voyez depuis le hublot d'un avion. Mais vous ne vous arrêtez pas là. Bientôt, après avoir percé la couche des derniers nuages, tout devient pur autour de vous et le bleu du ciel commence à devenir plus sombre. Puis bleu nuit. Puis entièrement noir.

Vous voilà dans l'espace.

En face de vous brille le Soleil. Et de l'autre côté ? Vous décidez d'aller voir ce qui s'y passe. Vous accélérez. Rapidement vous dépassez les sables rouges de Mars. Puis les nuages de Jupiter. Vous accélérez encore, jusqu'à ce que vous croisiez l'orbite de Pluton. Vous laissez le Soleil et son système derrière vous. En face commence le vide entre les étoiles. Elles brillent par milliards, par dizaines, par centaines de milliards tout autour.

Un coup d'accélérateur et vous voilà reparti vers le fond du ciel. Pour cela, il vous faut sortir de la Voie lactée. La distance à franchir n'est pas très longue, environ 30 000 années-lumière. Le temps qu'il faut à la lumière pour faire ce parcours, en se ruant dans le vide à 300 000 kilomètres par seconde. À cette vitesse effarante, il vous faut quand même 30 000 ans pour sortir de la Voie lactée, notre bonne vieille galaxie.

Beaucoup trop long !

Nous allons accélérer franchement, en basculant dans cette autre dimension du temps qu'on appelle la dimension du temps imaginaire. Alors que se passe-t-il ? Nous allons maintenant plus vite que la lumière. Mais pour cela, nous avons été obligés de quitter l'espace-temps et son cône de lumière. Nous sommes dans ce que les scientifiques appellent l'« Ailleurs », loin des contraintes exercées par l'implacable relativité.

*

À présent, nous filons à toute vitesse. En un clin d'œil, nous avons dépassé la limite nord de notre galaxie. Sans perdre de temps, nous nous mettons en route pour la galaxie d'Andromède, notre voisine. À environ 2 800 000 années-lumière. Elle se rapproche à grande vitesse. Bientôt, nous apercevons les étoiles qui la composent. Puis nous la traversons, sans rien sentir. L'instant d'après, Andromède est derrière nous. Nous accélérons toujours. Les galaxies se mettent à fuser autour de nous comme des étoiles filantes. Toujours plus vite. Les galaxies que nous apercevons dans la nuit cosmique sont de plus en plus anciennes. À une telle allure, nous allons rapidement atteindre le fond de l'Univers.

Encore quelques instants à cette vitesse inimaginable et… nous y voici !

*

Après ce voyage, reprenons nos esprits. Et faisons le point. Nous avons atteint ce qu'on appelle le « fond diffus ». L'Univers autour de nous ne ressemble plus du tout à ce qu'il est aujourd'hui. Il est mille fois plus petit et mille fois plus chaud. Ce n'est encore qu'un nuage d'environ 3 000 degrés d'un bout à l'autre, composé de photons (les grains de lumière) et de particules de matière, le tout tourbillonnant dans le vide.

Or, en 1989, les deux astrophysiciens que sont John

Mather et George Smoot ont photographié à l'aide d'un satellite (nommé COBE) le visage de ce « bébé Univers ». En particulier, qu'a observé John Mather ? Quelque chose d'extraordinaire, dont il se doutait, mais qui a été vérifié de manière éclatante en quelques heures à peine : cette première lumière de l'Univers a un spectre de corps noir !

Qu'est-ce que cela signifie ?

Quelque chose qui, sans aucun doute, va vous marquer pour toujours. Quelque chose qui, étrangement, va nous faire sentir qu'il existe bel et bien « là-haut » une sorte de code d'essence numérique, un nuage de nombres dont les atomes sont les nombres premiers.

*

En effet, souvenez-vous de ce qu'ont découvert Boltzmann et son professeur Stefan, à la fin du XIXe siècle. Ce sont eux qui, pour la première fois, ont compris qu'un « corps noir » rayonne d'une énergie qui est entièrement thermique. Autrement dit, tout est converti en chaleur. Qui plus est, cette énergie est en équilibre. Et là survient le « miracle ». Boltzmann a montré que l'énergie de ce fameux « corps noir » peut être mesurée. Avec quoi ? En fait, avec ce qu'on appelle (vous vous en souvenez) une fonction de partition. Or cette fonction de partition, nous l'avons vu au chapitre précédent, est de la même forme – exactement la même – que la fonction Zêta de Riemann !

Quelle est la conclusion de tout ceci ?

L'énergie de la première lumière de l'Univers, celle qui a été photographiée par le satellite COBE en 1989, puis par le satellite WMAP en 2000 et enfin par le satellite Planck en 2009, cette énergie est donc mesurée à l'aide de la fonction Zêta de Riemann.

Cela nous entraîne très loin.

En effet, le corps noir qu'est la première lumière de l'Univers peut aussi être décrit comme un gaz de photons à l'équilibre thermodynamique. Et cela veut dire, comme l'a écrit le grand physicien russe Rashid Sunyaev (qui a travaillé avec le théoricien soviétique Yakov Zeldovich), que « le nombre de photons dans la première lumière est donné par la fonction Zêta[1] ». Les dernières données transmises en 2015 par la NASA à partir de l'analyse du rayonnement cosmologique par le satellite Planck indiquent, à partir d'un calcul effectué en utilisant la fonction Zêta, qu'il y a environ 400 photons par centimètre cube au sein de la première lumière.

*

On peut aller encore plus loin.

Récemment, certains chercheurs ont trouvé une nouvelle trace de la fonction Zêta dans le ciel. Plus précisément au sein du rayonnement fossile représentant la

1. Cité par Yakov B. Zeldovich dans *Selected Works of Yakov Borisovich Zeldovich*, Princeton University Press, 2014.

première lumière. En effet, l'intensité de la radiation lumineuse est « réglée » par une constante découverte au début du XXe siècle par un physicien allemand, Arnold Sommerfeld, compagnon de la première heure de Hilbert à Göttingen. Ce nombre pur s'appelle la « constante de structure fine ». Vous la retrouvez, par exemple, au sein de la lumière qui éclaire les pages de ce livre. Par ailleurs, le comportement de la radiation du corps noir dépend d'une autre constante, appelée par les physiciens « constante de radiation du corps noir ».

Que se passe-t-il à partir de là ?

Un nouveau phénomène qui, étrangement, va faire ressurgir la fonction Zêta et les nombres premiers. De quelle manière ? Le physicien Ke Xiao, de l'université de New York, a apporté la réponse en 2011 : parce que la constante de structure fine est reliée à la constante de radiation du corps noir par la fonction Zêta. Ke Xiao aboutit à cette étonnante conclusion : « En d'autres termes, la constante de structure fine et la constante de radiation du corps noir peuvent être reliées par les nombres premiers[1]. »

Ici, une nouvelle précision s'impose. En fait, le comptage des photons, le calcul des niveaux d'énergie au sein de la première lumière, etc. s'effectuent toujours à partir de ce que nous pourrions appeler la « forme réelle »

1. Ke Xiao, « Dimensionless constants and blackbody radiation Laws », *Electronic Journal of Theoretical Physics*, EJTP 8, n° 25, 2011.

de la fonction Zêta. Autrement dit, l'exposant *s* de la fonction Zêta n'est pas un nombre complexe mais un nombre réel. La fonction Zêta de Riemann se comporte donc comme la fonction Zêta d'Euler, qui donne accès au produit des nombres premiers. Ce qui est à nouveau extraordinaire, c'est que nous retrouvons les nombres premiers, les nombres entiers (et la fonction Zêta) au sein de la radiation fossile !

*

Nous venons de découvrir la forme réelle de la fonction Zêta au sein de la première lumière. Mais que se passe-t-il si nous remontons plus loin dans le passé ? Que se passe-t-il au moment du Big Bang ? Allons-nous, là encore, retrouver la trace d'un code mathématique ? Et si oui, lequel ?

35

L'étrange état KMS

Nous venons de le voir au chapitre précédent : les images fournies par les grands satellites astronomiques, de COBE en 1989 à Planck aujourd'hui, sont sans appel !

En effet, l'Univers primordial présente un extraordinaire équilibre thermodynamique, de plus en plus élevé à mesure que l'on remonte vers l'instant du Big Bang. Or, s'il est à l'équilibre à l'échelle de Planck (c'est-à-dire à l'instant de Planck, une fraction de seconde correspondant à un dix millionième de milliardième de milliardième de milliardième de milliardième de seconde), alors l'Univers, à l'aube du Big Bang, se trouve *nécessairement* dans un état physique très spécial. Un état étrange, qui n'existe plus aujourd'hui, et que les physiciens ont appelé « état KMS ». Voyons de plus près en quoi tout cela peut nous intéresser dans la recherche de notre fameux « code ».

Qu'est-ce que l'état KMS ?

Ces trois lettres en forme de rébus proviennent du

nom des trois savants qui ont construit mathématiquement la théorie : Kubo, Martin et Schwinger.

*

Commencez par retenir ceci : l'état KMS relie l'état d'équilibre d'un système à son évolution. Et cela entraîne un effet spectaculaire : lorsqu'un système est en état KMS, c'est-à-dire lorsque son équilibre (qui est statique) et son évolution (qui est dynamique) sont reliés l'un à l'autre, alors le temps pour ce système est à la fois *réel* (c'est ce qui fait que ce système évolue à l'intérieur de certaines frontières) et *imaginaire* (c'est ce qui fait que le système est en équilibre). En bref, le temps de ce système devient *complexe*.

Or, selon nous, c'est exactement ce qui s'est passé pour l'Univers tout entier juste avant le Big Bang : il était nécessairement en état KMS. En effet, à cet instant phénoménal, qui a eu lieu il y a presque 14 milliards d'années, le cosmos était fantastiquement chaud (100 000 milliards de milliards de milliards de degrés) d'un bout à l'autre. Cette titanesque « ébullition » de la matière primordiale était totalement uniforme, de sorte que, globalement, le cosmos naissant était en équilibre thermodynamique. La conséquence de cet état d'équilibre est simple : l'Univers était en état KMS avant le Big Bang. Que pouvons-nous en conclure ? Tout simplement que le temps du pré-Univers était *complexe* ! Autrement dit, à cette époque lointaine, le temps tel que nous le connaissons n'existait pas encore (c'est en tout cas ce que pensent pratiquement tous les physiciens aujourd'hui). Pour être un peu plus précis, le temps primordial oscillait entre la direction réelle (celle que nous connaissons) et une direction imaginaire (que nous ne connaissons pas). C'est cette fluctuation du temps qui est décrite par les formules de l'état KMS.

Or ici vient une nouvelle surprise. Et de taille.

*

Il suffit de regarder (même d'un seul coup d'œil) la formule de l'état KMS pour se rendre compte qu'elle est identique – une fois de plus – à la fonction Zêta de Riemann.

Tout comme dans le cas de la radiation du corps noir, tout comme dans le cas des niveaux d'énergie des particules élémentaires, l'on retrouve encore et toujours la fonction Zêta de Riemann (aux valeurs près de l'exposant qui peut être soit réel – c'est le cas du corps noir –, soit complexe – c'est le cas de l'état KMS).

Est-ce que cette identité est surprenante ? Bien sûr que non ! La preuve est devant vos yeux. En effet, vous vous souvenez sans doute que, dans le cas de la fonction Zêta de Riemann, les solutions sont virtuellement toutes situées à l'intérieur d'une bande complexe se trouvant entre 0 et 1. Selon Riemann, les zéros – c'est-à-dire les solutions – de la fonction se concentrent sur la droite imaginaire (la fameuse « droite critique ») qui coupe l'axe réel au point 1/2. Or, dans le cas de l'état KMS, les valeurs du temps sont distribuées à l'intérieur d'une bande *complexe*, exactement comme pour les solutions de la fonction Zêta de Riemann. L'on ne peut qu'être fasciné par ce parallèle qui débouche sur l'idée stupéfiante selon laquelle la fluctuation des zéros de la fonction Zêta le long de la droite critique entre les bornes 0 et 1 (ce sont les bornes de la bande critique de la fonction) pourrait avoir un lien étroit avec la fluctuation du temps entre l'instant zéro et l'instant de Planck. De même, la concentration des zéros complexes sur la droite critique, à mi-chemin entre la valeur 0 et la valeur 1 (c'est toute l'hypothèse de Riemann) pourrait avoir une relation profonde, encore inconnue à ce jour, avec la concentration des valeurs complexes du temps à mi-chemin entre l'instant zéro et l'instant de Planck.

*

Les « visions » déployées ci-dessus sont loin d'être arbitraires. Elles trouvent leur origine dans l'identité entre la formule KMS (qui décrit le comportement de l'Univers avant le Big Bang) et la fonction Zêta de Riemann (qui décrit la répartition des nombres premiers le long de la droite imaginaire des nombres).

Mais on peut tirer encore autre chose de cette identité. Une dernière chose.

36

Le code du zéro

Nous voici parvenus au bout de notre fascinant voyage.

Pour nous, ce bout, c'est bien sûr l'instant zéro. La « Singularité initiale » (comme disent les mathématiciens) d'où tout est parti, avant l'instant de Planck, il y a 13 milliards et 820 millions d'années. Nous avons vu, tout au long de ces pages, qu'il y a bel et bien une formule générale, une sorte de « code » d'essence numérique qui dicte le comportement de la matière. Ce code, que nous retrouvons partout dans la nature, a un visage qui ne peut que nous troubler, quelles que soient nos croyances : celui d'une énigme. L'énigme mathématique la plus difficile et la plus profonde à laquelle l'humanité ait jamais été confrontée, non seulement à notre époque mais aussi à travers l'Histoire.

Ce code énigmatique a pris la forme de la fonction Zêta de Riemann.

Mais justement : est-ce que cette mystérieuse fonction peut nous aider à voir – sinon à comprendre – quelque chose de cet autre mystère total qu'est la naissance de l'Univers, à l'instant zéro ?

Peut-être.

*

Revenons une nouvelle fois à la fonction Zêta. Finalement, qu'engendre-t-elle ? Des nombres. Et pas n'importe lesquels, puisqu'il s'agit de nombres premiers, ces atomes numériques à partir desquels se fabriquent tous les autres nombres. Or ces nombres, elle les engendre à partir de ce que les mathématiciens appellent des zéros non triviaux, en fait des zéros *complexes*, dont la composante réelle est 1/2 et la composante imaginaire est inconnue. Or la conjecture de Hilbert et Pólya, plus tard celle de Montgomery et, enfin, les observations de Dyson nous incitent clairement à penser que la distribution des zéros le long de la droite critique pourrait correspondre à la distribution des niveaux primordiaux d'une énergie encore fluctuante, instable, entre l'instant zéro et l'instant du Big Bang.

Il est tentant de proposer ainsi, en relation avec la fonction Zêta de Riemann, trois phases pour la formation de l'Univers *avant* le Big Bang, entre l'instant zéro et l'instant de Planck.

La première phase se situe autour de l'instant zéro. Notre hypothèse, développée dans d'autres ouvrages, est que cette phase initiale est dominée par ce que l'on appelle en physique le « temps imaginaire ».

Que signifie un « temps imaginaire » ?

Contrairement à ce que l'on pourrait penser, il n'est pas question d'un « temps de l'imagination ». En fait, le temps imaginaire a été introduit il y a longtemps déjà par les mathématiciens (dans les années 1940) puis par les physiciens une vingtaine d'années plus tard. Il s'agit d'une nouvelle forme du temps, aussi importante que notre bon vieux temps de tous les jours, celui que nous mesurons sur nos montres. Qu'est-ce qui différencie le temps imaginaire du temps réel ? En fait le temps réel, le nôtre, le vôtre, est mesuré par des nombres *réels*. Qu'est-ce que les nombres réels ? Souvenez-vous de ce que vous avez appris en terminale ! Ce sont tout simplement des nombres dont le carré est toujours positif.

Au contraire, le temps imaginaire, lui, est mesuré par des *nombres imaginaires*. Qu'est-ce qu'un nombre imaginaire ? Là encore, vos souvenirs d'école vont venir à votre secours : ce sont des nombres dont le carré *est toujours négatif* ! Le symbole qui les représente (et que nous avons vu avec Euler) est donc i, avec $i^2 = -1$.

D'un point de vue plus géométrique, vous pouvez vous représenter le temps réel comme une droite horizontale, jalonnée par les nombres réels, de zéro à l'infini. D'ailleurs, les mathématiciens appellent cette droite la « droite des réels ». Dans ce cas, la suite est simple : les nombres imaginaires sont situés sur une droite verticale, la « droite imaginaire », perpendiculaire à la droite réelle. La droite réelle et la droite imaginaire forment un plan qu'on appelle le « plan complexe ». On peut ainsi saisir d'un seul coup d'œil que, lorsque le temps s'écoule en temps imaginaire pur, il ne « passe » pas du tout en temps réel. Pourquoi ? Parce que l'axe du temps imaginaire, perpendiculaire à l'axe réel, se projette sur ce dernier en un point unique qui est l'origine. Autrement dit, l'instant zéro.

*

À présent, revenons à la naissance du temps. L'instant zéro proprement dit représente une limite où le temps réel n'a pas encore fait son apparition. Le temps initial est donc imaginaire pur. Ceci correspond à la limite imaginaire pure de la bande KMS. À quoi cela pourrait-il renvoyer en termes de fonction Zêta ? Tout simplement (mais si, ce n'est pas si compliqué…) à l'axe vertical imaginaire coupant l'axe des nombres réels au point zéro. Cet axe correspondant à la limite inférieure de ce que les mathématiciens appellent la « bande critique » de la fonction Zêta. Que se passe-t-il sur cette limite ? Quelque chose qui, ici, nous intéresse au plus haut point.

*

Il a été montré par Jacques Hadamard à la fin du XIXe siècle qu'aucun zéro de la fonction Zêta ne pouvait se trouver sur cet axe imaginaire. Résultat : la seule donnée ici est celle du temps imaginaire, une droite de nombres imaginaires allant de zéro à l'infini. En somme, il pourrait exister dans cette région correspondant à la Singularité initiale une information initiale codée en temps imaginaire. Toutefois, il s'agit d'une information pure, globale, qui n'est pas encore « lisible » et n'est associée à aucun processus physique.

La deuxième région est située à l'intérieur de la bande critique. Du point de vue de la théorie KMS, cela pourrait correspondre à la bande KMS, région où le temps du système est complexe. Elle est située entre l'instant zéro et l'instant de Planck. Or c'est dans cette région que tout se joue. En effet, nous sommes maintenant à l'intérieur de la bande critique de la fonction Zêta. Qu'est-ce que ça veut dire ? Que nous sommes dans la région où nous allons engendrer les nombres premiers et, à partir de là, tous les nombres réels. On l'a vu, ce phénomène survient sur la droite critique coupant l'axe des nombres réels au point 1/2. Sur cette droite, selon l'hypothèse de Riemann, la dynamique ordonnée des nombres se met en route. C'est avec émotion que Riemann a calculé le premier zéro de la bande critique et a constaté qu'il se trouvait *exactement* sur la droite critique, quelque part autour de 14,13. Puis il a calculé le deuxième zéro, situé à 21,02, puis le troisième à 25,01 sur la droite critique. En 1903, 15 zéros ont été calculés par Gram. Puis 79 par Backlund en 1914 et 138 par Hutchinson en 1925. À ce stade, le génial Turing – celui qui a brisé le code secret des Allemands durant la Deuxième Guerre mondiale – propose une nouvelle méthode de comptage et passe brusquement à 1 104 zéros calculés en 1953 ! Un vrai record. Enfin, aujourd'hui, grâce aux puissants calculateurs, l'on dépasse la centaine de millions de milliards de zéros calculés ! Un chiffre hallucinant !

*

Comme on l'a vu avec la conjecture de Montgomery et l'étonnant recoupement effectué par Freeman Dyson, les nombres premiers repérés sur la droite critique correspondent de manière précise aux différents niveaux d'énergie observables dans l'infiniment petit ! Ceci nous pousse vers une nouvelle hypothèse, littéralement passionnante, selon laquelle la bande critique pourrait correspondre, comme dans la bande KMS, à une région où l'information initiale (provenant de la suite des nombres premiers) est convertie en énergie. Au passage, nous retrouvons – quoique dans un cadre plus précis – l'application de l'hypothèse de Landauer selon laquelle l'énergie du Big Bang pourrait provenir de la conversion d'une information initiale.

Reste la troisième région. Dans notre modèle, c'est celle qui est située au-delà de la bande KMS, ce qui correspond à la région située après le mur de Planck, autrement dit, après le Big Bang. L'Univers est alors sorti de l'état KMS, ce qui veut dire que le temps est devenu réel. L'expansion ordinaire peut alors commencer.

Du point de vue de la fonction Zêta, l'on passe au-delà de la barrière du 1, ce qui signifie que l'on quitte également la bande critique, région complexe qui engendre, avec les zéros de la fonction, tous les nombres premiers jusqu'à l'infini. Dans ce cas, l'exposant de la fonction Zêta cesse d'être complexe et la fluctuation autour des zéros a cessé : la fonction n'engendre plus que ce que les mathématiciens appellent des zéros triviaux, c'est-à-dire des solutions ordinaires.

*

Nous retirons de tout ceci un message profond, difficilement traduisible en langage humain, mais qui imprègne chacune de nos intuitions. Chacune de nos pensées. Il existe loin d'ici, dans un temps archaïque que les théoriciens appellent *le temps imaginaire* – un temps que nous ne connaîtrons jamais –, il existe donc là-bas un instant zéro. À cet instant-là, l'hypothèse la plus facilement admise – c'était déjà celle du génial Friedmann, le découvreur des équations du Big Bang en 1922 – est que le pré-Univers n'était encore qu'un point.

Un simple point mathématique !

Mais qui, tout comme le point dont est parti le grand Riemann en 1854 lors de la soutenance de sa thèse à Göttingen, est d'une immense richesse. En fait, notre idée est qu'il porte en lui le fameux code que nous avons cherché tout au long de ce livre. Plus précisément, il pourrait contenir les formes numériques fondamentales, celles dont tout est parti et qui ont mis « le feu aux équations » : les nombres premiers. De 2 à l'infini !

De ce point de vue, tout s'éclaire : le « code » que nous

avons cherché prend donc la forme de la mystérieuse fonction Zêta. Omniprésente. Directrice. Infaillible. Mais inaccessible. Après plus de cent cinquante ans de lutte acharnée pour lui arracher son secret, elle n'est toujours pas démontrée. Mais on peut la voir à l'œuvre. Sur cette étrange droite critique qui s'élance à la conquête de l'infini, la fonction de Riemann égrène les nombres premiers. Tous les nombres premiers. Et donc tous les nombres entiers. Tous les nombres réels. Toutes les formes mathématiques qui existent dans l'invisible.

Comme nous avons pu le dire ailleurs, bien avant le Big Bang chaud et le déferlement titanesque de l'énergie et de la matière à l'instant de Planck, il a peut-être existé à l'instant zéro un Big Bang « froid ». Une explosion de nombres. Un jaillissement torrentiel de formes mathématiques au cœur du néant. Du zéro jusqu'à l'infini.

Un immense nuage numérique, un gaz de nombres, une information initiale dont la toute première forme du « code » a été découverte en 1859 et qui reste aujourd'hui l'être mathématique le plus mystérieux de toute l'histoire humaine : *la fonction Zêta de Riemann.*

Conclusion

Au moment où ce livre s'achève, sommes-nous parvenus à entrevoir, au-delà de l'harmonie qui s'étend à tout l'Univers, un fragment du code qui structure et ordonne la réalité qui nous entoure?

Après nous être aventurés toujours plus loin dans le monde étrange des nombres premiers, après avoir entrevu leurs relations folles avec la matière, sans doute en retirons-nous la sensation qu'à leur façon, ils « codent » quelque chose de notre réalité. Un peu comme ils « codent » les cryptogrammes de nos cartes bancaires. Et dans ce cas, l'énigmatique fonction Zêta de Riemann, dont le sommet reste perdu dans la brume – peut-être pour toujours – pourrait fonctionner comme une sorte de clef, donnant accès à la répartition de ces éléments du code, de zéro à l'infini.

Ici se pose une dernière question : l'Univers que nous observons, aussi bien au cœur de l'infiniment petit, dans le royaume des particules élémentaires, qu'à l'échelle des amas de galaxies, cet Univers peut-il se soustraire aux contraintes permanentes qui s'exercent sur lui et, dès lors, désobéir aux lois qui le gouvernent ? Peut-il se dérober, ne fût-ce qu'un seul instant, à ces lois bien connues pour « inventer » des solutions inconnues ? Sur ce point, la réponse a été clairement donnée par le mathématicien Henri Poincaré dans les années 1900 : « L'Univers n'est jamais hors la loi ! » a-t-il déclaré sans détour. De sorte qu'au moment où vous viendriez à lâcher par inadvertance votre téléphone portable, on ne peut imaginer qu'au lieu de tomber au sol, il pourrait au contraire monter vers le plafond. Autrement dit, l'Univers ne dispose pas d'une « loi de rechange » qui viendrait remplacer à la demande la gravitation, cette loi incontournable qui attire inévitablement le corps le moins massif vers le corps le plus massif.

Mais à ce stade, une deuxième question se pose aussitôt : si l'Univers ne peut effectivement échapper aux lois qui le gouvernent, quel est donc le secret enfoui dans les profondeurs de ces lois elles-mêmes ? Faut-il, comme le martelaient sans cesse les maîtres de Göttingen, voir, tout au fond des grandes lois qui gouvernent le monde, une sorte de programme, de *code* secrètement écrit en langage mathématique ? C'est en remontant vers le feu éblouissant du Big Bang, vers l'instant primordial de la création, que l'on aura, peut-être, quelque chance de trouver le *code-source* qui structure la réalité et donne un sens à toute l'histoire de l'Univers. Au soir de sa vie, après avoir tant cherché, après avoir tant réfléchi sur le « fond » ultime de la réalité, le physicien John Wheeler en est venu à conclure que l'Univers tout entier pourrait bien, en fin de compte, se réduire à de l'information pure : « Il n'est pas déraisonnable d'imaginer que l'information est au cœur de la physique, tout comme elle est au cœur d'un ordinateur. (...) Chaque élément du monde physique a au fond – un fond très profond – une source immatérielle. » Et d'enfoncer définitivement le clou : « Toutes les choses physiques ont leur origine dans le monde de l'information[1] », a encore déclaré John Wheeler en 1990, consolidant ainsi les bases de ce qu'on appelle désormais la physique « numérique ».

C'est exactement dans le même sens et pour défendre cette idée que le « fond » ultime de la réalité doit être compris comme une sorte de « code numérique », que le prix Nobel de physique Gerard 't Hooft et son collègue Leonard Susskind en sont venus, récemment, à proposer une théorie selon laquelle le contenu de l'information de l'Univers tout entier serait situé *en dehors* de notre espace-temps ordinaire et ne pourrait dès lors être saisissable qu'à travers sa projection inachevée et partielle au sein de notre Univers et de nos vies.

Si une telle information existe, comparable à une sorte de « Big Data cosmologique », devrions-nous alors en chercher la lointaine origine avant l'ère de Planck, avant même le Big Bang ? Peut-on s'attendre à ce que le temps réel, celui dans lequel nous vivons, soit remplacé, avant la création, par du temps imaginaire pur ? Peut-être

1. In *It from bit*, *op. cit.*

qu'en traversant le fameux « mur de Planck » – c'est-à-dire l'instant du Big Bang caractérisé par le colossal déchaînement d'énergie donnant naissance au temps, à l'espace et à l'Univers physique –, nous trouverons autre chose. « Avant » le Big Bang, avant la création du monde physique, nous pourrions bien tomber sur ces fameuses lois qui « codent » le scénario cosmologique : sur ce « Cloud Cosmologique » situé au-delà de notre espace-temps.

Peut-être alors que la réalité secrète, voilée, presque inaccessible, de l'étrange Univers dans lequel nous vivons, cette « splendide formule » à laquelle pense le physicien Neil Turok, pourrait s'écrire dans le défilé infini et indéchiffrable des nombres premiers, ces entités numériques fondamentales à l'origine de tous les autres nombres, depuis le zéro jusqu'à l'infini. La mystérieuse « fonction Zêta » pourrait-elle alors jouer un rôle insoupçonné jusqu'ici dans la structuration du temps, de l'espace, de l'énergie et de la matière ? C'est bien la trace de ce code dont nous avons parlé dans d'autres ouvrages, ce secret primordial qu'il est possible d'entrevoir, à l'origine du monde, en remontant peu à peu vers ces vertigineuses mathématiques pures si chères aux anciens maîtres de Göttingen.

Un soir d'octobre 1951, perdu dans sa rêverie, le regard fixé sur les milliers d'ouvrages disséminés en silence dans les rayons de la grande bibliothèque de l'université, ce formidable temple du savoir où, quelque temps plus tôt, Bernhard Riemann aimait tant se recueillir, le mathématicien Hermann Weyl a peut-être entrevu quelque chose comme un fragment de ce mystérieux code cosmique enfoui dans l'abîme infini des nombres. Sur le point d'achever le dernier chapitre d'un livre sur lequel il travaillait depuis plusieurs années, il écrira tout à coup cette phrase lumineuse : « Il existe, au sein même de la nature, un ordre profond, une harmonie cachée, qui se reflète par éclairs dans notre esprit sous la forme de lois mathématiques pures[1]. »

À nous de déchiffrer cette langue inconnue à travers laquelle, étrangement, le monde nous fait signe ; à nous de décrypter quelques bribes de ce code secret qui protège furieusement le sens de l'Univers mais aussi, plus près de nous, celui de chacune de nos vies.

---

1. Hermann Weyl, *Symmetry*, Princeton University Press, 1952.

Table

DES MÊMES AUTEURS

Dieu et la science, entretien avec Jean Guitton, Grasset, 1991.

Avant le Big Bang, Grasset, 2004.

Le Visage de Dieu, Grasset, 2010.

La Pensée de Dieu, Grasset, 2012.

Le Mystère du satellite Planck, Eyrolles, 2013.

La Fin du hasard, Grasset, 2013.

Trois minutes pour comprendre la théorie du Big Bang, Éditions du Courrier du Livre, 2014

Composition : IGS-CP
Impression CPI Bussière en septembre 2015
Éditions Albin Michel
22, rue Huyghens, 75014 Paris
www.albin-michel.fr
ISBN : 978-2-226-31921-0
N° d'édition : 21010/01 – N° d'impression : 2017706
Dépôt légal : octobre 2015
Imprimé en France